너희에게 구주가 나셨으니

Born to You… A Savior

카리 보

일러두기

- 성서 표기와 인용은 『표준새번역』과 『개역개정』을 사용했습니다.
- 묵상 본문의 QR코드는 스마트폰에 QR코드 리더 앱을 설치하거나 카메라로 스캔하면 해당 '찬송가 유튜브'로 연결됩니다.

한국루터란아워
2025 대림절 묵상집

Born to You ··· A Savior

너희에게 구주가 나셨으니

카리 보 지음
김선영 옮김

목차

새로운 일

11 · 30 주일

막 1:1 하나님의 아들 예수 그리스도의 복음은 이렇게 시작한다.

요 1:1, 14 태초에 말씀이 계셨다. 그 말씀은 하나님과 함께 계셨다. 그 말씀은 하나님이셨다 … 말씀이 육신이 되어 우리 가운데 사셨다. 우리는 그의 영광을 보았다. 그 영광은 아버지께서 주신 독생자의 영광이며, 그 안에는 은혜와 진리가 충만하였다.

마 1:18 상 예수 그리스도의 태어나심은 이러하다.

성탄은 하나님께서 행하신 아주 특별한 일을 기념하는 시간입니다. 그 은혜는 그 어떤 이도 상상조차 못했던 것이었습니다. 인간이 알던 신들은 흔히들 하늘과 땅을 쥐락펴락하고, 힘으로 군림하며, 사람들에게 희생과 제사를 끝없이 요구했습니다. 세상 모든 민족에게는 그런 신들이 있었습니다.

그런데 그 많은 신들 가운데 이런 분이 있었을까요? 하늘에서 내려와 친히 사람의 몸을 입으시고, 아기의 모습으로 자그마한 헛간의 여물통에 누워 목자들의 경배를 받으신 하나님. 섬김을 받기보다 오히려 섬기시며, 많은 사람을 대속하기 위해 자신의 생명을 내어주신 하나님. 그런 하나님을 아는 민족이 또 어디에 있을까요? 십자가에서 고난을 받고 죽으셨다가 다시 살아 영원히 사시며, 그 생명을 믿는 이들에게 나누어 주시는 하나님을 인류 역사상 어디에서 찾아볼 수 있을까요?

우리의 하나님이 바로 그분이십니다. 그분은 우리를 창조하시고 죄로부터 구하셔서 당신께 속한 존재로 삼으셨습니다. 이러한 하나님께서 지금도 우리를 부르시며, 믿고 의지하라고 말씀하십니다.

기도합니다. 주님, 다시 듣는 성탄의 이야기를 통해 성령께서 제 마음에 참된 믿음을 심어 주소서. 아멘.

생각과 나눔

1. 첫 만남

- 예수님을 처음으로 알게 된 순간, 가장 먼저 떠오른 감정은 무엇이었나요?
- 첫 만남 이후 예수님에 대한 마음은 어떠한 변화들을 거치면서 성장했나요?
- 예수님에 대한 이야기를 다른 사람에게 어떻게 전할 수 있을까요?

2. 오늘의 예수님, 나의 예수님

- 현재 예수님이 우리 곁에 계시다면, 어떤 모습으로 오셨을까요?
- 오늘 이 자리에 예수님이 함께하신다면, 누구를 가장 먼저 찾아가실까요?
- 내가 만난 예수님을 나누고 싶은 사람은 누구인가요?

3. 삶의 변화와 실천

- 예수님을 알고 난 뒤, 혹시 가치관이나 마음가짐이 달라지지 않았나요?
- 힘들 때나 두려울 때, 예수님이 선사하는 위로는 어떤 모습인가요?

보라 내가 새 일을 행하리니 이제 나타낼 것이라…
내가 광야에 길을, 사막에 강을 내리니
이사야 43:19

내 삶에 깃드신 주님

12·1 월

마 1:1 아브라함의 자손이요 다윗의 자손이신 예수 그리스도의 족보는 이러하다.

예수님의 이야기는 아주 길게 이어지는 이름들의 족보로 시작합니다. 마태복음에서 제가 정말로 좋아하는 부분이기도 하지요. 처음에는 다소 지루했지만, 지금은 그 안에서 분명히 보이는 것이 있습니다. 예수님은 참 하나님이면서 동시에 인류 속에 온전히 깃드신 분이라는 사실입니다.

예수님의 가계도를 한번 들여다보세요. 살인과 간음을 저지른 다윗, 창녀와 결혼한 정탐꾼 살몬, 인신 공양을 했던 므낫세까지 모두 예수님의 뿌리를 이루는 조상들입니다. "하나님의 벗"이라 불렸지만 두려움으로 말미암아 아내를 두 번이나 위험에 빠뜨린 아브라함도 있지요. 지혜로웠으나 우상숭배에 빠진 솔로몬, 어울리지 말아야 할 이들과 가까이하다 목숨을 잃을 뻔한 여호사밧, 이방인 출신의 가난한 여인이었으나 보아스와 결혼해 다윗 왕의 증조모가 된 룻도 있습니다. 과시 충동에 굴복한 나머지 나라를 멸망으로 몰아넣은 히스기야, 하나님께서 어떤 기적이든 청하라고 말씀하셨지만 끝내 외면했던 아하스도 있었습니다. 이렇게 다양한 사람들이 예수님의 가계도에 자리한 것이 참으로 경이롭습니다.

예수님은 바로 그 복잡한 족보 속에 깊이 스며 계십니다. 이는 곧 예수님이 우리 그리고 인류 안에도 깊숙이 새겨져 계시다는 뜻입니다. 예수님은 때때로 영광스럽게 빛나면서도 병들고 초라한 죄인들의 무리 한가운데로 들어오신 뒤 십자가에서 죽으시고 부활하심으로 우리를 구원하셨습니다.

기도합니다. 주님, 저희 곁에 이렇게 가까이 다가와 주심에 감사드립니다. 언제나 제 곁에 머물러 주옵소서. 아멘.

생각과 나눔

1. 나의 이야기
- 여러분의 윗대에 특별하거나 독특한 인물이 있나요?
- 나의 믿음은 가족이나 자녀, 주변 사람들에게 어떤 영향을 주고 있을까요?
- 내 믿음이 나만의 것이 아니라, 타인과 이어져 있음을 느낀 적이 있나요?
- 내가 이어 주고 싶은 믿음의 모습은 어떤 걸까요?

2. 성경 속 족보의 의미
- 하나님은 왜 예수님 선조들의 결점과 실패까지도 드러나게 하셨을까요?
- 그들의 약함과 실수 속에서 역사하는 하나님의 은혜는 무엇일까요?
- 만약 성경에 조상들의 장점만 기록되었다면, 우리는 무엇을 놓쳤을까요?

3. 나를 향한 하나님의 시선
- 예수님의 조상들이 이렇다면, 하나님은 나를 어떻게 바라보실까요?
- 나의 부족함과 잘못에도 불구하고 하나님이 나를 사랑하신다는 사실은 내게 어떤 위로를 주나요?
- 오늘 내가 하나님의 은혜 속에서 새롭게 바라보고 싶은 나의 모습은 무엇인가요?

헤롯의 시대

12·2 화

눅 1:5-7 유대 왕 헤롯 때에, 아비야 조에 배속된 제사장으로서, 사가랴라 고 하는 사람이 있었다. 그의 아내는 아론의 자손인데, 이름은 엘리사벳이 다. 그 두 사람은 다 하나님 앞에서 의로운 사람이어서, 주의 모든 계명과 규율을 흠잡을 데 없이 잘 지켰다. 그런데 그들에게는 자녀가 없었다. 엘리 사벳이 임신을 하지 못하는 여자이었고, 두 사람은 다 나이가 많았다.

누가의 이야기는 암울한 분위기 속에서 시작합니다. "헤롯의 시대"라는 말은 단순한 연대 기록이 아니라, 미친 폭군이 나라를 움켜쥐던 시절을 가리킵니다. 공포와 광기에 사로잡힌 그는 어디에든 적이 있다고 여겼고, 아내와 자식들마저 음모를 꾸몄다고 몰아 죽였습니다. 망나니가 권력을 쥐었으니, 온 나라에 짙은 그늘이 깔릴 수밖에 없었죠.

사가랴와 엘리사벳의 삶은 그 시대의 어둠 속에서도 더 깊은 슬픔을 품고 있었습니다. 두 사람은 하나님을 사랑하며 그분의 길을 따랐으나, 자녀가 없이 노년에 이르렀습니다. 하나님께 벌이라도 받은 것일까요? 아마도 이웃들은 그렇게 수군거렸을 것입니다. 그 한마디 한마디가 두 사람의 가슴을 시리게 만들었습니다.

그러나 바로 그 어둠 한가운데서 하나님은 빛을 준비하고 계셨습니다. 세상의 빛이신 예수님, 하나님의 아들이 작고 연약한 아기의 모습으로 세상에 오시는 날이 가까워지고 있었습니다. 그분은 십자가의 고난과 죽음 그리고 부활을 통해 우리 모두를 구원하실 분이셨습니다. 그리고 사가랴와 엘리사벳의 아들은 그 길을 예비하는 사명을 맡게 되었습니다.

하나님은 그들을 잊지 않으셨습니다. 그리고 결코 우리를 잊지 않으십니다.

기도합니다. 사랑의 아버지, 제 삶에 드리운 어둠을 아십니다. 주 예수님의 빛을 제게 비추어 주소서. 아멘.

생각과 나눔

1. 내 삶의 어둠
- 지금 내 삶을 어둡게 만드는 것은 무엇인가요?
- 그 어둠이 내 마음과 인간관계, 신앙에 어떤 영향을 주고 있나요?
- 그 어둠 속에서도 하나님이 역사하심을 어떻게 기억할 수 있을까요?

2. 잊히는 것 같은 순간들
- 하나님께서 나를 잊으셨다고 느낄 때가 있나요?
- 그 순간 나는 어떤 기도나 태도로 하나님께 반응하나요?
- 시간이 지나 돌아보았을 때, 하나님이 나를 여전히 붙들고 계셨음을 깨달은 경험이 있나요?

3. 예수님 안에서 발견하는 희망
- 나는 어떻게 예수님 안에서 도움과 희망을 발견하나요?
- 예수님의 십자가와 부활이 내 일상에 주는 구체적인 위로는 무엇인가요?
- 내가 받은 소망을 주변 사람들에게 어떻게 나눌 수 있을까요?

나는 세상의 빛이니 나를 따르는 자는
어둠에 다니지 아니하고 생명의 빛을 얻으리라.
요한복음 8:12

뜻밖의 선물

12·3 수

눅 1:8-15 상 사가랴가 … 하나님 앞에서 제사장의 일을 하고 있었다. 그 때에 주의 천사가 사가랴에게 나타나서, 분향하는 제단 오른쪽에 섰다. 그는 천사를 보고 놀라서, 두려움에 사로잡혔다. 천사가 그에게 말하였다. "사가랴야, 두려워하지 말아라. 네 간구를 주께서 들어주셨다. 네 아내 엘리사벳이 네 아들을 낳을 것이니, 그 이름을 요한이라고 하여라. 그 아들은 네게 기쁨과 즐거움이 되고, 많은 사람이 그의 출생을 기뻐할 것이다. 그는 주께서 보시기에 큰 인물이 될 것이다.

하나님께서는 사가랴와 엘리사벳에게 놀라운 은혜를 베푸셨습니다. 오랫동안 침묵하시던 하나님께서 다시 역사하셔서, 자녀를 가질 수 없는 나이에 기적처럼 아들을 주셨습니다. 그 아들에게는 특별한 사명이 맡겨졌습니다.

그 사명은 무엇일까요? 바로 "이스라엘 자손 가운데서 많은 사람을 그들의 주 하나님께로 돌아오게 하며 … 백성으로 하여금 주님을 맞이할 준비를 갖추게"(누가복음 1:16-17) 하는 것이었습니다.

그렇다면 요한이 맡은 일은 무엇일까요? 그것은 세상에 오시는 하나님을 받아들일 수 있도록 사람들의 마음을 일깨우는 일이었습니다. 하나님께서 우리와 같은 사람이 되셔서 죄와 악의 힘을 꺾으시고, 우리에게 새 생명을 주시려는 구원의 역사를 예비하는 일이었습니다. 요한은 회개의 세례를 전하며 사람들이 하나님께 돌아오도록 이끌었고, 메시아를 기다릴 수 있도록 사람들의 마음을 정화했습니다. 그렇게 요한은 주님의 강림을 앞서 알리는 자로 세워졌습니다.

이것은 사가랴에게 주어진 크나큰 선물이었습니다. 사가랴 역시 하나님 역사의 일부가 되는 특권을 받았습니다. 그리고 오늘날 우리에게는 그 사실을 알게 하시고, 예수님을 구주로 모시며 기뻐할 수 있게 하셨습니다.

기도합니다. 사랑의 주님, 제게 와주셔서 감사합니다. 주님은 제 삶의 가장 큰 선물입니다. 아멘.

생각과 나눔

1. 내 삶의 선물들
- 그동안 받은 선물 가운데 최고는 무엇인가요?
- 그 선물이 내 삶에 어떤 의미나 변화를 주었나요?
- 하나님께서 그 선물을 통해 나에게 어떤 마음을 일깨우셨다고 생각하나요?

2. 예수님, 하나님이 주신 선물
- 예수님이 선물이라면, 누가 그분을 주신 걸까요? 왜일까요?
- 하나님이 독생자를 내어주셨다는 사실을 통해 어떤 사랑을 느끼나요?
- 그 사랑을 나는 내 일상 속에서 어떻게 경험하고 있나요?

3. 영원히 간직할 수 있는 선물
- 예수님은 내가 영원히 간직할 수 있는 선물일까요?
- 그렇다면 그분이 영원하다는 사실이 내 신앙에 어떤 확신을 주나요?
- 그렇지 않다고 느껴질 때, 나는 왜 흔들리고 의심하게 되는 걸까요?
- 영원한 선물이신 예수님을 오늘 나는 어떻게 누리고, 또 다른 이들과 나눌 수 있을까요?

의심

눅 1:18 사가랴가 천사에게 말하였다. "어떻게 그것을 알겠습니까? 나는 늙은 사람이요, 내 아내도 나이가 많으니 말입니다."

저는 심드렁한 사가랴를 쉽사리 나무랄 수 없습니다. 그는 이미 늙었고, 평생토록 아들을 달라고 기도해 왔습니다. 그 기도는 어느새 습관처럼 되뇌는 말에 머무르고 있었을지도 모릅니다. 너무 오랜 세월이 지나버려, 하나님께서 들어주시리라 기대하지 않았던 기도였을 것입니다.

그러나 하나님은 여전히 그 기도를 진지하게 듣고 계셨고, 머지않아 이루어질 것이라 말씀하셨습니다. 문제는 세상 속에서 흘러간 시간과 달라진 형편이 사가랴의 마음을 무겁게 했다는 데 있었습니다. 사가랴는 과연 여전히 그 선물을 바라고 있었을까요? 갑작스러운 갓난아기의 울음소리, 잠 못 이루는 밤, 아이를 키우며 감당해야 할 수많은 수고가 그의 머릿속을 스쳐 갔을지도 모릅니다. 그는 더 이상 젊지 않았으니까요.

하나님은 사가랴의 연약함 앞에서 노여워하지 않으셨습니다. 대신 인내하시며, 오히려 미소 어린 방식으로 응답해 주셨습니다. 우리에게도 다르지 않습니다. 하나님께서 우리의 기도에 응답하시며 익숙한 일상을 흔드실 때, 우리는 그 변화를 감당하지 못해 머뭇거릴 때가 있습니다. 오래도록 간구해 온 좋은 일이어도, 막상 눈앞에 닥치면 두려움과 부담이 밀려와 멈칫합니다.

하나님은 우리의 연약함을 이미 잘 아시고, 끝까지 사랑해 주십니다. 사가랴를 포기하지 않으셨듯, 우리에게 주신 선물을 거두어 가시지도 않습니다. 우리를 위해 죽으시고 다시 사셔서 당신의 백성으로 삼으신 그분이, 어찌 우리를 버리실 수 있겠습니까?

기도합니다. 주님, 제 삶 속에서 새로운 일을 행하실 때 제가 두려움과 의심에 눌려 뒷걸음질을 칠지라도 인내해주시니 감사합니다. 주님을 온전히 신뢰하도록 꼭 붙들어 주세요. 아멘.

생각과 나눔

1. 나이 듦과 소망
- 여러분이 일흔 살에 아기를 품는다면, 어떤 마음이 들까요? 기쁨일까요, 부담일까요?
- 하나님은 왜 때때로 우리의 한계를 넘어서는 일을 허락하실까요?
- 점점 나이가 들어가면서 소망이 어떻게 달라졌나요?

2. 하나님의 예기치 못한 응답
- 하나님께서 내 삶에 뜻밖의 방식으로 응답하신 순간은 언제였나요?
- 그때 나는 어떻게 반응했나요? 두근거림이었나요, 두려움이었나요?
- 그 경험을 통해 배운 점은 무엇이었나요?

3. 뜻밖의 은혜 안에서
- 오늘 하나님이 내 삶에 이전과는 전혀 다른 일을 행하신다면, 나는 어떤 태도로 맞이하고 싶나요?
- 지금 나는 그 응답을 기쁨과 감사로 받아들일 준비가 되어 있나요, 아니면 여전히 주저하게 될까요?
- 그 은혜가 내 믿음과 삶을 어떻게 바꾸기를 바라나요?

여호와께 능하지 못한 일이 있겠느냐 기한이 이를 때에
내가 네게로 돌아오리니 사라에게 아들이 있으리라.
창세기 18:14

하나님식 유머

12·5 금

눅 1:19-20 천사가 그에게 말하였다. "나는 하나님 앞에 서 있는 가브리엘이다. 나는 네게 이 기쁜 소식을 전해 주려고 보내심을 받았다. 보아라, 그 때가 되면 다 이루어질 내 말을 네가 믿지 않았으므로, 이 일이 이루어지는 날까지, 너는 벙어리가 되어서 말을 못하게 될 것이다."

가브리엘 천사를 통해 드러난 하나님의 유머는 제 마음에 깊숙이 와 닿습니다. 하나님은 충분히 역정을 내실 수도 있었을 겁니다. 그러나 그러시지 않고, 오히려 사실을 차분히 일깨워 주시지요. "잘 보아라. 네가 지금 누구와 말하고 있느냐? 나는 하나님의 앞에 서 있는 가브리엘이다. 그런데도 왜 의심하느냐?"

그리고 하나님은 사가랴가 원했던 그 '표징'까지 허락하십니다. "어떻게 내가 알 수 있겠습니까?"라는 사가랴의 질문에, 하나님은 이렇게 응답하신 셈입니다. "좋다. 그렇게 표징을 원한다면, 앞으로 아홉 달 동안 말을 하지 못하게 하마. 그 정도면 충분하겠느냐?"

이 장면 속에서 저는 목사인 남편이 떠오릅니다. 만약 제 남편이 아홉 달 동안 말을 하지 못한다면 과연 견뎌낼 수 있을까요? 설교자에게는 얼마나 큰 시련이겠습니까?

하지만 그것은 징벌이 아니라 사랑이 담긴 훈련이었습니다. 사가랴는 결국 하나님의 약속이 이루어지는 것을 목격했고, 아들 요한의 탄생을 몸소 체험했습니다. 요한은 하나님의 아들이 세상에 오셨다는 사실을 드러냅니다, 처음으로 눈에 보이고 손으로 만져지는 증거였죠. 그는 곧 오실 예수님의 길을 앞서 준비하는 사람이었습니다. 하나님이시자 참사람이신 예수님, 우리를 위해 죽음을 받아들이시고 부활하셔서 온 세상에 생명을 주실 그분을 위해서 말입니다.

기도합니다. 주 예수님, 제 믿음이 더디게 성장할 때도 인내와 사랑으로 기다려 주셔서 감사합니다. 아멘.

생각과 나눔

1. 하나님의 유머

- 하나님께서 유머 감각을 가지셨다고 생각하면 어떤 마음이 드시나요?
- 성경 속 이야기나 내 삶 속에서 그분의 유머가 드러난 순간은 언제였나요?
- 그 유머를 통해 하나님은 우리에게 무엇을 일깨워 주신다고 생각하나요?

2. 삶 속의 가벼움과 은혜

- 때로 하나님은 우리를 미소 짓게 하시며 다가오십니다. 여러분의 삶에서 하나님이 예상치 못한 방식으로 마음을 가볍게 해주신 경험이 있나요?
- 그 순간이 내 믿음에 어떤 변화를 주었나요?

3. 요한과 예수님의 길

- 하나님은 왜 요한을 먼저 보내셨다고 생각하나요? 여러분이 상상하기에, 사람들에게 어떤 도움이 되었을까요?
- 지금 내 삶에서도 하나님이 '미리 보내시는 사람이나 사건'이 있을까요? 그것은 어떤 모습일까요?

아기여 네가 지극히 높으신 이의 선지자라 일컬음을 받고
주 앞에 앞서 가서 그 길을 준비하여…
누가복음 1:76

숨어 살다

12·6 토

눅 1:23-25 사가랴는 제사 당번 기간이 끝난 뒤에, 집으로 돌아갔다. 그 뒤에 얼마 지나서, 그의 아내 엘리사벳이 임신하고, 다섯 달 동안 숨어서 살면서 말하기를 "주께서 나를 어여삐 보시던 날에 나에게 이런 일을 베풀어 주셔서, 사람들에게 당하는 나의 치욕을 씻어 주셨다" 하였다.

엘리사벳은 왜 다섯 달 동안이나 숨어서 지냈을까요? 임신이 안정기에 접어들 때까지 조심스레 기다렸을까요? 그렇다고 하기엔, 성경 속 엘리사벳은 하나님께서 주신 약속을 의심하지 않았고, 불안에 흔들리지도 않았습니다.

어쩌면 의연했던 엘리사벳조차 떨쳐내기 어려웠던 것은, 이 소식을 들은 이웃들의 반응이었을지도 모릅니다. 사람들은 자신이 품고 있는 통념을 서슴없이 표출하고, 때로는 지나칠 정도로 거칠게 내뱉곤 하지요. 그 말들은 은혜의 기쁨을 할퀴고 마음의 평안을 뒤흔들기도 합니다.

그러나 무엇보다 엘리사벳이 다섯 달 동안의 고립을 고집한 까닭은, 하나님을 찾고 그분 앞에 머물기 위함이 아니었을까요? 하나님께서 베푸신 은혜를 깊이 되새기며 감사드리고, 다가올 날들을 준비하려 했던 것이지요. 요한의 어머니가 된다는 것은 평범한 일이 아니었습니다. 이 아기는 바로 예수님을 맞이할 길을 예비할 아이였으니까요. 엘리사벳은 분명 많은 시간을 기도하며, 요한이 감당해야 할 사명과 예수님께서 이루실 일을 생각했을 겁니다.

성경은 우리에게 이렇게 전합니다. 하나님께서 친히 인간의 역사 속으로 들어오셔서 우리와 같은 사람이 되시고, 죄와 죽음에서 우리를 건져내셨다고 말이죠. 그분은 쉬운 길이 아니라 좁고 험한 길을 택하셨습니다. 세상의 위엄이나 왕좌의 권세가 아니라, 십자가의 길, 가장 고통스럽고 수치스러운 길을 걸으셨습니다. 그리고 마침내 죽음을 이기시고 다시 살아나셨습니다.

엘리사벳은 기도와 묵상 속에서 그 놀라운 비밀을 얼마나 헤아려 보았을까요? 언젠가 천국에서 그 이야기를 들을 날이 있을지도 모르겠습니다.

기도합니다. 하나님, 친히 우리 구주가 되어 오신 은혜에 감사합니다. 아멘.

생각과 나눔

1. 준비와 기다림
- 삶의 큰 과업을 시작하기 전에, 나는 어떤 준비와 기도를 하나요?
- 조용히 기다리는 시간은 내 신앙과 삶에 어떤 빛을 비추어 줄까요?
- 엘리사벳의 모습을 떠올리며, '침묵의 시간'과 '은혜의 시간'을 일상 속에서 어떤 방식으로 만들면 좋을까요?

2. 길을 예비하는 삶
- 요한의 사명처럼, 내 삶에서 '주님의 길을 예비한다'는 건 어떤 모습일까요?
- 예수님의 사역을 도운 요한처럼, 나는 어떻게 주님을 도울 수 있을까요?
- 주님을 믿고 평안히 기다린 엘리사벳에게서 무엇을 배울 수 있나요?

3. 하나님이 친히 오심
- 하나님께서 몸소 사람이 되셨다는 사실은 내 믿음에 어떤 울림을 주나요?
- 하나님께서 몸소 오셔야 했던 이유는 무엇일까요?
- 십자가를 통해 우리는 고난을 어떻게 새롭게 바라볼 수 있을까요? 그 위로와 의미가 내 삶 속에서 어떻게 드러나나요?

놀라운 소식!

12·7 주일

눅 1:26-29 여섯 달 만에 천사 가브리엘이, 하나님께로부터 갈릴리 지방의 나사렛 동네로 보내심을 받아서, 다윗의 가문에 속한 요셉이라는 사람과 약혼한 처녀에게로 갔다. 그 처녀의 이름은 마리아였다. 천사가 안으로 들어가서, 마리아에게 말하였다. "은혜를 입은 사람아, 기뻐하여라. 주께서 너와 함께 계신다." 마리아는 이 말을 듣고 몹시 놀라 '이 인사말이 대체 무슨 뜻일까' 하고 생각하였다.

마리아에게 참으로 믿기 어려운 일이 일어났습니다. 빨래하고 닭에게 모이를 주는 평범한 일상 한가운데, 홀연히 천사가 나타난 것이지요. 게다가 천사가 건넨 첫인사는 더욱 충격적이었습니다. "은혜를 받은 자여!" "주께서 너와 함께 하시도다!" 마리아가 당황하지 않았다면, 오히려 더 이상했을지도 모릅니다.

당황할 이유는 충분했습니다. 마리아가 알고 있던 성경과는 전혀 다른 장면이 펼쳐지고 있었으니까요. 이전에도 하나님께서는 아기의 탄생을 알리시려고 천사를 보내신 적이 있었습니다. 하지만 그 대상은 언제나 결혼한 여인들, 주로 나이가 많은 여인들이었죠. 약혼한 처녀에게 이런 방문이 이루어진 것은 전례 없는 일이었습니다. 그 은총의 자리에 부름받은 이가 다름 아닌 마리아였죠.

의아해하던 마리아는 그럼에도 귀를 기울였습니다. 천사의 말을 하나하나 마음에 새기며, 하나님께서 이제 놀라운 일을 이루시려 한다는 사실을 깨달았습니다. 인간의 육체로 하나님의 아들을 보내려는 계획, 그리고 그 일을 이루기 위해 마리아 자신을 쓰시려는 뜻을 알게 된 것이지요.

그 결과, 우리 또한 마리아와 함께 '은혜를 입은 자'가 되었습니다. 하나님께서 우리에게 예수님을 주셨기 때문입니다. 예수님은 고난과 죽음을 통해 우리의 구주가 되셨고, 죽음을 이기고 다시 살아나 우리에게 생명을 주셨습니다. 이제 "주께서 너와 함께 하시도다"라는 인사는 마리아에게만 주어진 말씀이 아닙니다. 예수님을 믿는 모든 이에게 주어진 약속입니다. 주님은 결코 우리를 떠나지 않으시겠다고 말씀하셨기 때문입니다.

기도합니다. 사랑의 아버지 하나님, 예수님을 보내주심에 감사합니다. 아멘.

생각과 나눔

1. 하나님의 선택
- 하나님은 왜 공주가 아니라 시골의 한 소녀를 택하셨을까요?
- 보잘것없어 보이는 이를 통해 역사하시는 주님을 보면 어떤 울림을 받나요?
- 오늘 나의 모습 중에서도 하나님이 쓰실 수 있는 것은 무엇일까요?

2. 뜻밖의 방식
- 하나님은 왜 결혼한 여인이 아니라 약혼한 처녀를 선택하셨을까요?
- 기대와 상식을 넘어 일하시는 하나님을 보면, 나의 믿음은 어떠한가요?
- 나의 기준이나 상식이 하나님의 뜻과 달라도 기꺼이 순종하고 있나요?

3. 주님과의 동행
- 예수님이 언제나 나와 함께하신다는 사실은 내게 어떤 의미인가요?
- '임마누엘, 하나님이 우리와 함께 계시다'는 약속을 나는 언제 경험하나요?
- 주님이 나와 함께하신다는 확신이 고난 속에서 어떤 힘이 되어 주나요?

하나님께 은혜를 입다

12·8 월

눅 1:30-33 천사가 마리아에게 말하였다. "두려워하지 말아라. 마리아야, 너는 하나님의 은혜를 입었다. 보아라, 네가 잉태하여 아들을 낳을 것이니, 너는 그의 이름을 예수라고 하여라. 그는 위대하게 되고, 가장 높으신 분의 아들이라고 불릴 것이다. 주 하나님께서 그에게 그의 조상 다윗의 왕위를 주실 것이다. 그는 영원히 야곱의 집을 다스리고, 그의 나라는 무궁할 것이다."

"은혜를 입은 자여!" 천사가 마리아에게 말을 건네고는 곧 다시 이렇게 말합니다. "네가 하나님께 은혜를 입었느니라." 같은 표현을 두 번이나 반복한다는 것은 분명 중요한 의미가 담겨 있다는 뜻이겠죠. 그렇다면 여기서 말하는 '은혜'란 무엇일까요?

은혜는 내가 무엇을 이루었거나 자격을 갖추었을 때 받는 것이 아닙니다. 전혀 그럴 만한 이유가 없음에도 하나님께서 먼저 베풀어 주시는 선물입니다. 마리아가 받은 은혜도 마찬가지였습니다. 바로 우리의 구주 예수님의 어머니가 되는 놀라운 축복을 받게 된 것이지요. 그러나 이 은혜는 마리아의 공로나 업적 때문이 아니었습니다. 오히려 아무 조건 없이 한없는 자비와 사랑으로 부어주신 하나님의 선하심에서 비롯된 은혜였습니다.

그 은혜의 본질은 오늘 우리의 삶에도 고스란히 스며듭니다. 하나님의 택함과 사랑은 조건 없이 베풀어지지요. 마리아가 받은 은혜가 구원의 역사를 여는 부르심이었다면, 우리가 받은 은혜는 구주 예수님 안에서 누리게 된 구원과 생명입니다. 예수님은 우리를 너무도 사랑하셔서 자신의 생명까지 내어주셨고, 죽음을 이기고 부활하셔서 우리에게 영원한 생명을 나누어 주셨습니다. 예수님은 우리가 언제나 그분과 함께 있기를 원하십니다.

기도합니다. 주님, 저를 그토록 사랑하신다는 사실이 때로는 믿기 어렵습니다. 그럼에도 변함없는 그 사랑에 감사드립니다. 아멘.

생각과 나눔

1. 햇살처럼 쏟아지는 은혜

- 내 삶에서 내가 노력하거나 자격이 있어서가 아니라, 그냥 선물처럼 주어진 좋은 것은 무엇이 있나요?
- 그런 경험을 떠올릴 때, 나는 하나님의 은혜를 더 깊이 느끼게 되나요?
- 오늘 내가 누리는 평범한 일상 가운데서도 은혜로운 것은 무엇이 있을까요?

2. 예수님의 사랑

- 예수님은 왜 나를 그토록 깊이 사랑하신다고 생각하나요?
- 내가 지닌 연약함이나 부족함에도 변함없이 사랑하시는 예수님의 마음은 어떠할까요?
- 그 사랑이 내 믿음과 삶을 지탱해주었던 순간은 언제였나요?

3. 하나님께 은혜 입은 자

- 내가 하나님의 '은혜를 입은 자'라는 사실은 내 신앙과 일상에 어떤 의미인가요?
- 그 은혜의 약속을 기억하면, 나는 두려움으로부터 자유로워질 수 있을까요?
- 오늘 나는 '하나님께 은혜 입은 자'답게 살아가고 있나요?

너희가 그 은혜에 의하여 믿음으로 말미암아 구원을 받았나니
이것은 너희에게서 난 것이 아니요 하나님의 선물이라.
에베소서 2:8

어찌하여

12·9 화

눅 1:34-37 마리아가 천사에게 말하기를 "나는 남자를 알지 못하는데, 어떻게 이런 일이 있겠습니까?" 하였다. 천사가 마리아에게 말하였다. "성령이 네게 임하시고, 가장 높으신 분의 능력이 너를 감싸 줄 것이다. 그러므로 태어날 아기는 거룩한 분이요, 하나님의 아들이라고 불릴 것이다. 보아라, 네 친척 엘리사벳도 늙어서 임신하였다. 임신하지 못하는 여자라는 소문이 났으나, 그는 임신한 지 벌써 여섯 달이 되었다. 하나님께는 불가능한 일이 없다."

마리아의 입에서 나온 말은 군더더기 없이 담백했습니다. 묻지도 따지지도 않고, 단순히 이렇게 물었지요. "어떻게 그런 일이 일어날 수 있습니까?"

마리아는 아기가 어떻게 생겨나는지 알고 있었고, 처녀에게는 그런 일이 일어날 수 없다는 것도 잘 알았습니다. 그래서 그녀의 질문은 의심이 아니라, 하나님의 계획이 무엇인지 알고 싶었던 마음에서 비롯된 것이었습니다. 혹시 결혼식을 앞당겨야 하는지, 그런 현실적인 궁금증이었을지도 모릅니다.

천사는 그 물음을 믿음 없는 의심으로 치부하지 않았습니다. 오히려 지극히 현실적인 질문으로 받아들이고, 친절하게 대답합니다. "아니야, 네가 세부적인 일들을 걱정할 필요는 없어. 성령께서 기적으로 이 일을 이루실 거야." 그리고는 엘리사벳의 이야기를 들려주지요. 원래는 아이를 가질 수 없다고 여겨졌던 그녀가 이미 여섯 달째 아기를 품고 있다는 소식이었습니다.

그 대답은 마리아를 자유롭게 했습니다. 이제 마리아는 무언가를 더 하거나 억지로 해낼 필요가 없었습니다. 그저 하나님께서 주시는 놀라운 선물, 곧 하나님의 아들을 받아들이고 기뻐하면 되는 것이었습니다.

우리도 마찬가지입니다. 예수님께서 우리를 위해 태어나시고, 살아가시고, 죽으시고, 다시 살아나셔서 우리가 당신에게 속하도록 하셨습니다. 그러니 우리는 그 사실 안에서 기뻐하며 안식할 수 있습니다.

기도합니다. 주님, 모든 일을 손수 이루어 주시니 감사합니다. 제게 필요한 모든 것을 주셨음을 믿습니다. 아멘.

생각과 나눔

1. 마리아의 자리에서

- 내가 만약 마리아였다면, 천사의 소식을 듣고 어떤 대답을 했을까요?
- 나는 마리아처럼 하나님의 계획을 온전히 받아들일 수 있나요?
- 하나님의 예상치 못한 부르심이 다가온다면, 나는 어떻게 반응할까요?

2. 하나님이 다스리신다면

- 하나님이 모든 것을 주관하신다면, 우리는 왜 여전히 염려할까요?
- 하나님의 다스림을 진실하게 믿는다면 나의 불안과 두려움은 어떻게 바뀔까요?
- 하나님이 다스리신다는 확신을 붙들었던 순간은 내 삶 속에서 언제였나요?

3. 하나님을 신뢰하는 길

- 하나님을 더 깊이 신뢰하는 법을 나는 어디서 어떻게 배울 수 있을까요?
- 하나님을 신뢰한다는 것은 내 일상에서 어떤 모습으로 드러나고 있나요?
- 내가 끝까지 하나님을 의지하도록 돕는 말씀이나 경험은 무엇이었나요?

사랑의 응답

12·10 수

눅 1:38 마리아가 말하기를 "보십시오, 나는 주의 여종입니다. 천사님의 말씀대로 나에게서 이루어지기를 바랍니다" 하였다. 천사는 마리아에게서 떠나갔다.

마리아는 어찌할 수 없는 상황에 놓여 있었습니다. 하나님께서는 마리아에게 사전 동의를 구하시지 않았습니다. 다만 천사를 통해 이렇게 말씀하셨을 뿐이죠. "이처럼 이루어지리라." 마리아에게 다른 선택의 여지는 없는 듯 보였습니다. 이 장면이 혹시 너무 일방적으로 보이지는 않나요?

그런데 곰곰이 생각해보면, 하나님께 속한 우리는 이미 오래전에 주님의 손에 자신을 내어 맡긴 사람들입니다. 이렇게 생각해 볼 수 있지요. 남편이 갑작스러운 곤경에 처한 이웃을 저에게 맡긴다 해도, 그는 제 마음을 이미 잘 알고 있기에 굳이 허락을 구하지 않을 것입니다. 저는 망설이지 않고 "예"라고 대답하며 기꺼이 도울 것입니다.

남편이 누구보다 제 마음을 잘 알듯, 마리아의 마음도 주님께서 이미 다 헤아리고 계셨겠지요. 주님은 마리아가 주님을 향한 지극한 사랑을 품고 있음을 아셨습니다. 찬란하면서도 무거운 주님의 선물을 최고로 감격하며 귀중하게 받아들이리라는 것을 알고 계셨던 것이지요. 그 기대는 틀림없이 옳았습니다. 엘리사벳을 찾아간 그녀는 하나님께서 자신을 통해 이루신 놀라운 일에 감사한 나머지 벅찬 마음으로 찬송했습니다. 구세주 예수님을 이 세상에 보내시는 하나님의 역사에 자신이 동참하게 되었기 때문입니다.

우리도 마찬가지입니다. 예수님을 섬기는 일은 분명히 영광이자 복입니다. 예수님은 우리를 너무도 사랑하셔서 우리를 위해 죽으시고 다시 살아나셨으니까요. 그렇기에 주님께서 맡기신 일은 때로는 기쁨으로 감당할 수 있지만, 이따금 쉽지 않게 느껴지기도 합니다. 그러나 중요한 건 그 일이 어떻든 그 속에서 내가 주님에 대한 사랑을 드러낼 수 있다는 사실입니다. 그래서 우리는 주님의 사랑에 응답하며, 그 길을 기꺼이 걸어갑니다.

기도합니다. 주님, 저를 이토록 사랑하심을 잘 압니다. 저도 주님을 사랑합니다. 제 삶을 주님의 뜻대로 사용하여 주옵소서. 아멘.

생각과 나눔

1. 사랑으로 맺어진 신뢰
- 누군가가 부탁하지 않아도 기꺼이 도와주고 싶은 사람이 혹시 있나요?
- 나는 누군가를 섬길 때 기쁨으로 하나요, 아니면 습관처럼 하나요?
- 정말로 하나님을 신뢰하며 산다면, 나는 주님 앞에서 어떻게 살게 될까요?

2. 기꺼이 응답하는 마음
- 사랑하는 이들이 부탁하지 않아도 힘을 보태고 싶은 이유는 무엇일까요?
- 그 마음은 단순한 의무감일까요, 아니면 사랑에서 우러난 것일까요?
- 누군가를 서슴없이 도왔던 경험이 내 믿음에 어떤 흔적을 남겼을까요?

3. 하나님께 드린 섬김
- 하나님께서 내게 맡기신 섬김은 무엇이라고 생각하나요?
- 내가 사랑으로 기꺼이 감당할 수 있는 주님의 일은 어떤 모습일까요?
- 오늘 내가 시작할 수 있는 작은 섬김은 어떤 게 있을까요?

꿈에도 생각지 못한 복

12·11 목

누 1:39-44 그 무렵에 마리아가 일어나, 유대 산골에 있는 한 동네로 서둘러 가서, 사가랴의 집에 들어가, 엘리사벳에게 문안하였다. 엘리사벳이 마리아의 문안을 받았을 때에, 아기가 그의 뱃속에서 뛰놀았다. 엘리사벳이 성령으로 충만해서, 큰소리로 외쳐 말하였다. "그대는 여자들 가운데서 복을 받고, 그대의 태 속에 있는 열매도 복을 받았습니다. 내 주의 어머니께서 내게 오시다니, 이것이 어찌된 일입니까? 보십시오, 그대의 문안하는 말이 내 귀에 들어왔을 때에, 내 태 속에 있는 아기가 기뻐서 뛰놀았습니다."

엘리사벳이 터뜨린 그 기쁨이 얼마나 순수하고 복된지 모릅니다. 집으로 찾아온 마리아를 맞이한 순간, 그 태중에 계신 예수님까지 함께 오셨음을 깨닫자 엘리사벳은 기쁨에 겨워 큰소리로 외쳤습니다. 엘리사벳의 아기 요한도 같은 이유로 모태에서 기쁨으로 뛰놀았습니다.

우리 역시 기뻐 소리치며 하늘 높이 뛰어오르지 않을 수 없습니다. 예수님께서 우리에게 오셨기 때문입니다. 우리는 그분께 아무런 권리도, 사랑과 복을 받을 이유도 없었는데 말이죠. 그런데도 하나님께서는 우리와 똑같은 인간의 몸을 입고 우리에게 오셨습니다. 잠시 머무르시기 위해서가 아니라, 우리의 영원한 구세주가 되시고자 오셨습니다. 그분은 고난과 죽음을 통해 우리를 억누르던 악의 권세를 깨뜨리셨습니다. 이제 죽음을 이기시고 무한히 살아계시기에 주님과 함께 끝없는 생명을 누리게 될 것입니다. 우리는 그분을 잃어버리지 않을 것이고, 그분 역시 우리를 결코 놓지 않으실 테지요. 그분의 사랑과 인자하심은 세세토록 변함이 없습니다.

기도합니다. 주님, 제 삶에 들어오시고는 영원히 저를 주님에게 속하게 해주셔서 감사드립니다. 아멘.

생각과 나눔

1. 믿기 어려울 만큼 좋은 순간
- 지금까지 여러분의 삶에서 일어난 가장 좋은 일은 무엇이었나요?
- 그 일이 처음 일어났을 때, 여러분은 어떻게 반응했나요?
- 웃었나요, 울었나요, 소리쳤나요, 아니면 그냥 놀라서 멍하니 있었나요?

2. 기쁨을 표현하는 방법
- 정말 기쁜 일이 생기면 보통 어떻게 표현하시나요?
- 마음속에만 간직하시나요, 아니면 다른 사람들과 나누시나요?
- 왜 하나님은 때때로 도저히 감출 수 없는 큰 기쁨을 우리에게 주실까요?

3. 하나님이 주시는 뜻밖의 선물
- 전혀 예상하지 못했던 선물이나 복을 받아본 적이 있으신가요?
- 예수님이 여러분을 그분의 기쁨으로 여기신다고 하면 어떤 마음이 드시나요? (히브리서 12:2 참고)
- 예수님이 이 세상에 오신 사건은 어떻게 우리 모두에게 가장 놀라운 "뜻밖의 선물"이 될까요?

믿음의 주요 또 온전하게 하시는 이인 예수를 바라보자 그는
그 앞에 있는 기쁨을 위하여 십자가를 참으사 부끄러움을
개의치 아니하시더니 하나님 보좌 우편에 앉으셨느니라.
히브리서 12:2

긴밀한 연결

12·12 금

눅 1:46-49, 56 그리하여 마리아가 노래하였다. "내 마음이 주님을 찬양하며 내 영혼이 내 구주 하나님을 높임은 주께서 이 여종의 비천함을 돌보셨기 때문입니다. 이제부터는 모든 세대가 나를 행복하다 할 것입니다. 힘센 분이 내게 큰 일을 하셨기 때문입니다. 주의 이름은 거룩하십니다.…"
마리아는 엘리사벳과 함께 석 달쯤 있다가 자기 집으로 돌아갔다.

마리아는 주체할 수 없는 기쁨 속에 하나님께 찬양을 올리며, 그분이 베푸신 은혜를 온 마음으로 노래했습니다. 정말이지 그럴 만한 일이었지요.

앞으로 아홉 달 동안 마리아는 그 누구보다도, 또 그 전후로도 하나님과 가장 깊이 연결된 삶을 살게 될 것이었습니다. 예수님을 품고 있는 동안 그녀의 몸은 아기에게 필요한 모든 것을 공급하게 되지요. 산소와 음식 그리고 어머니의 몸이 마련해 주는 따뜻한 공간과 아기가 하루하루 자라가는 데 필요한 모든 것이 모두 그녀에게서 흘러나옵니다. 또 그녀가 무엇을 먹는지, 어떤 스트레스를 견디는지와 같은 선택들은 아기의 미래에도 영향을 미치게 될 것이었습니다. 아기 예수께서 처음 듣게 되는 소리는 마리아의 목소리였으며, 미세한 감정의 움직임까지 마치 한 몸처럼 전해 받을 수 있었습니다. 예수님은 전적으로 그녀에게 의지할 수밖에 없었죠. 얼마나 큰 영광입니까! 하나님께서 마리아를 신뢰하신 그 은혜가 얼마나 깊고 놀라운지요.

그리고 예수님은 태어나신 뒤에도 여러 해 동안 마리아와 요셉의 돌봄에 온전히 기대어 살아가셨습니다. 그들은 예수님을 지키고, 먹이고, 재워주며, 가르쳤습니다. 하나님께서는 모든 것을 세심히 준비하셔서, 의지하던 아기 예수께서 결국에는 우리가 의지하는 구주가 되게 하셨습니다. 그 구주는 우리를 위해 생명을 내어주셨고, 영원히 살아계시며 지금도 우리의 마음에 참된 안식처가 되어 주십니다.

기도합니다. 주 예수님, 주님께 의지할 수 있어서 기뻐요. 주님은 저를 단 한 번도 저버리신 적이 없으셨습니다. 앞으로도 변함없이 함께 하시리라 믿습니다. 아멘.

생각과 나눔

1. 친밀감과 안전
- 누군가와 가까이 지낼 때, 안전하다고 느끼려면 무엇이 필요할까요?
- 인간관계에서 어떤 조건이 갖춰졌을 때 마음이 열릴까요?
- 누군가에게 마음을 맡길 수 있다고 느낀 순간은 언제였나요?

2. 누군가에게 의지한다는 것
- 스스로가 아닌 다른 사람에게 기대는 것이 편안하신가요? 그렇지 않다면 왜 그런가요?
- 누군가에게 도움을 요청하거나 의지하는 것이 어려울 때는 언제인가요?
- 의지하는 관계가 우리 삶에 어떤 유익을 줄 수 있다고 생각하시나요?

3. 주님께 맡기는 삶
- 주님께 의지한다는 것은 여러분에게 어떤 의미인가요?
- 지금까지 주님께 맡기고 경험한 일 가운데 기억에 남는 것은 무엇인가요?
- 앞으로 어떤 부분을 더 주님께 맡기며 살고 싶으신가요?

너희 염려를 다 주께 맡기라 이는 그가 너희를 돌보심이라.
베드로전서 5:7

크나큰 자비

12·13 토

눅 1:57-58 엘리사벳은 해산할 달이 차서, 아들을 낳았다. 이웃 사람들과 친척들은, 주께서 큰 자비를 그에게 베푸셨다는 말을 듣고서, 그와 함께 기뻐하였다.

동네 사람들은 하나님께서 엘리사벳에게 크나큰 자비를 베푸셨다는 소식을 듣고 함께 기뻐했습니다. 아기 요한이 태어난 지 여드레째 되자, 이웃들이 모여 그의 할례를 축하했습니다.

그렇다면 여기서 "크나큰 자비"란 무엇을 의미했을까요? 험난한 출산을 거치는 가운데 산모의 생명을 지켜주셨다는 사실이었을 겁니다. 그 시대에 출산이란 목숨을 건 일이나 다름없었고, 더군다나 노산인 엘리사벳에게는 더욱 버거운 도전이었습니다. 무엇보다 자녀가 없다는 것은 노년에 기댈 곳이 없다는 뜻이었지요. 그런 상황 속에서 태어난 아기 요한은, 참으로 하나님의 크나큰 자비였습니다.

그렇기에 요한은 엘리사벳과 사가랴에게는 보호와 안심의 상징이었지만, 그 의미는 그들의 가정에만 머무르지 않았습니다. 그는 온 세상에 임한 하나님의 자비의 첫 징표였고, 마침내 오실 예수님을 가리키는 표적이었습니다. 여섯 달 뒤, 하나님께서는 약속대로 구주 예수님을 세상에 보내셨습니다. 예수님은 자신의 생명을 내어주심으로 우리에게 참된 안전과 피난처가 되셨습니다. 주님은 우리를 죄와 죽음에서 해방시키시고, 끝내 하나님의 나라로 인도하실 것입니다.

기도합니다. 주님, 주님은 저의 참된 피난처이십니다. 감사합니다. 아멘.

생각과 나눔

1. 예수님이 주시는 위로
- 예수님이 주시는 위로는 세상이 주는 위로와 어떻게 다를까요?
- 마음이 지치고 외로울 때, 예수님의 위로를 경험한 적이 있나요?
- 예수님의 부활이 오늘 우리의 위로가 되는 이유는 무엇일까요?

2. 예수님 안에서 누리는 보호와 안심
- 두려움이 밀려올 때, 예수님은 어떻게 우리의 피난처가 되어 주시나요?
- 감당하기 힘든 상황 속에서 예수님의 보호를 체험한 순간은 언제였나요?
- 예수님이 지켜주신다는 사실이 두려움을 이기는 데 어떤 힘이 되나요?

3. 하나님의 자비를 드러내신 예수님
- 예수님은 어떤 모습으로 하나님의 자비를 가장 뚜렷하게 보여주셨나요?
- 예수님의 십자가 사건이 당신에게 위로와 보호로 다가온 순간은 언제였나요?
- 지금의 나는 예수님의 위로와 보호를 다른 사람과 어떻게 나눌 수 있을까요?

수고하고 무거운 짐 진 자들아 다 내게로 오라
내가 너희를 쉬게 하리라.
마태복음 11:28

무시

눅 1:59-62 아기가 난 지 여드레째 되는 날에, 그들은 아기에게 할례를 행하러 와서, 그의 아버지의 이름을 따서, 그를 사가랴라 하고자 하였다. 그러나 아기 어머니가 "안 됩니다. 요한이라 해야 합니다" 하고 말하니, 그들은 "친척 가운데는 아무도 이런 이름을 가진 사람이 없습니다" 하였다. 그들은 그 아버지에게 아기의 이름을 무엇으로 하려는지 손짓으로 물어 보았다.

엘리사벳이 이웃들에게 얼마나 답답했을지 충분히 상상하실 수 있을 겁니다. 아기의 이름을 말해주어도 사람들은 귓전으로도 듣지 않았습니다. 굳이 사가랴에게 확인하려고 했죠. 아마 엘리사벳은 속상해서 무언가를 집어 던지고 싶었을지도 모릅니다. 이런 일을 겪으면 마치 내가 보이지 않는 사람처럼 느껴집니다. 사람들이 나를 지나쳐 버리고, 더 중요한 누군가만 찾는 것 같을 때 말이지요. 그런 일이 계속되면, 나는 정말 중요하지 않다고, 무가치하다고, 내 생각과 마음은 아무 의미도 없다고 믿게 될 수 있습니다.

그렇지만 하나님은 우리를 소홀히 대하지 않으십니다. 우리 안의 가장 작은 자, 가장 낮은 자, 가장 보잘것없는 자까지도 지켜보고 사랑하십니다. 그 증거가 바로, 하나님께서 우리를 위해 가장 연약한 아기 예수님으로 세상에 오셨다는 사실입니다.

예수님은 우리를 가르치셨고, 섬기셨으며, 보듬으셨습니다. 무엇보다 죄가 없으셨음에도 우리를 위해 기꺼이 배신당하셨고, 십자가에서 죽으셨습니다. 그것이 바로 우리를 죄와 죽음에서 자유롭게 하시려는 길이었고, 부활은 곧 우리의 구원을 보장하는 약속이 되었습니다.

마지막으로 스스로 묻고 답해봅시다. 우리는 얼마나 소중한 존재일까요? 예수님께서 우리를 위해 자기 자신을 기쁘게 내어주실 만큼, 우리는 소중합니다. 정말로 정말로 정말로 우리는 귀중합니다.

기도합니다. 주님, 제가 무시당하는 것처럼 느껴질 때, 저를 사랑의 눈길로 그윽하게 바라보며 돌보신다는 사실을 잊지 않게 해주세요. 아멘.

생각과 나눔

1. 보이지 않는 것처럼 느낄 때
- 사람들이 내 말을 귀담아듣지 않거나 나를 무시한다고 느낀 적이 있나요?
- 그런 경험이 나를 어떻게 바라보게 만들었나요?
- 다른 사람은 몰라도, 하나님이 소중히 바라보시는 내 마음은 어떠한가요?

2. 예수님의 돌보심을 보다
- 소외된 사람을 향한 예수님의 관심은 어떤 모습으로 나타나나요?
- 예수님은 왜 가장 연약한 아기로 이 세상에 오셨을까요?
- 예수님이 기꺼이 죽음을 선택하신 이유가 바로 나 때문이라는 걸 생각할 때, 나는 나 자신을 어떻게 바라보게 되나요?

3. 함께 살기
- 사람들이 잘 알아주지 않지만, 내가 돕고 싶은 사람은 누구인가요?
- 내가 있는 자리에서 지금 당장 실천할 수 있는 섬김은 무엇일까요?
- 하나님은 내 삶을 통해 소외된 사람들이 어떤 희망을 얻기를 바라실까요?

놓치기 쉬운 더 큰 이야기

12·15 월

눅 1:63-66 그가 서판을 달라고 하여 "그의 이름은 요한이다"하고 쓰니, 모두 이상히 여겼다. 그런데 곧 그의 입이 열리고 혀가 풀려서, 말을 하며 하나님을 찬양하였다. 이웃 사람은 모두 두려워하였다. 이 모든 이야기는 유대 온 산골에서 화제가 되었다. 이 말을 들은 사람은, 모두 이 사실을 그들의 마음에 두고 "이 아기가 대체 어떤 사람이 될 것인가?" 하였다. 주께서 능력으로 그 아기를 보살피시는 것이 분명했기 때문이었다.

이 말씀 가운데, "이 모든 이야기가 온 유대 산간지방에 두루 퍼졌다"는 구절이 새삼 눈에 들어옵니다. 사가랴 가정에서 일어난 작은 사건이 동네 사람들을 통해 널리 알려진 것이지요. 엘리사벳이 아이를 품고 있던 동안, 이웃들은 이미 많은 이야기를 전해 들었을 것입니다. 천사의 등장, 사가랴가 믿지 못했던 순간, 그러나 하나님께서 말씀하신 대로 끝내 약속을 이루시고 생명의 기쁨을 주셨던 사실까지 말입니다. 무엇보다, 사가랴가 믿음으로 순종해 아기의 이름을 '요한'이라 적은 그 순간은 사람들 사이에 오래도록 회자되었습니다.

그러나 사람들은 더 큰 사건을 알아차리지 못했습니다. 나사렛에서 온 마리아가 엘리사벳 곁에 머물던 그때, 그녀의 태중에는 이미 아기가 잉태되어 있었습니다. 임신 초기라 눈에 띄지 않았지만, 그 아기는 세상을 구원할 메시아 예수님이셨습니다. 사람의 눈에는 보이지 않았어도 하나님의 더 큰 이야기가 조용히 자라고 있었습니다.

예수님은 하나님께서 사람이 되어 오신 분입니다. 왜 오셨을까요? 우리를 섬기고, 구원하시며, 자기 목숨을 모든 사람을 위한 대속물로 내어주시기 위해서입니다. 십자가의 죽음과 부활을 통해 우리를 하나님의 자녀로 삼으시고 영원한 생명과 기쁨을 주셨습니다.

기도합니다. 주님, 주님이 저희에게 오신 일이야말로 가장 기쁜 소식입니다. 감사합니다. 아멘.

생각과 나눔

1. 이웃을 바라보는 눈
- 요즘에 나는 내 이웃들의 삶에 관심을 기울이고 있나요?
- 내가 모르는 사이, 이웃들은 어떤 어려움이나 기쁨을 겪고 있을까요?
- 하나님께서 나를 이웃 곁에 두신 이유는 무엇일까요?

2. 예수님을 알리는 삶
- 당시 사람들은 사가랴와 엘리사벳의 얘기를 알았어도 예수님에 대해서는 몰랐습니다. 오늘날 우리 주변에도 예수님을 모르는 사람들이 있지 않을까요?
- 내 이웃들은 나의 말과 행동을 통해 예수님을 알게 되지 않을까요?
- 내가 누군가에게 예수님에 대해 나누려 할 때, 무엇이 가장 두렵고 무엇이 가장 기쁠까요?

3. 복음을 전하는 실천
- 지금 내가 예수님을 전해야 할 사람은 누구일까요?
- 어떻게 하면 따뜻하고 자연스럽게 예수님의 사랑을 나눌 수 있을까요?
- 내가 예수님을 전할 수 있도록 주님께 도움을 구해야 할 부분은 무엇일까요?

이미 이루어진 구원

12·16 화

눅 1:67-71 요한의 아버지 사가랴가 성령으로 충만하여, 이렇게 예언하였다. "주 이스라엘의 하나님은 찬양받으실 분이시다. 그분은 당신의 백성을 돌보아 속량하시고 우리를 위하여 권능의 구원자를 당신의 종 다윗의 집에서 일으키셨다. 예로부터 당신의 거룩한 예언자들의 입으로 주께서 말씀하신 대로, 우리를 원수들에게서 구원하시고, 우리를 미워하는 모든 사람의 손에서 건져내셨다."

사가랴가 하나님을 찬송하는 이 구절을 보면 조금 이상하게 들립니다. "주께서 자기 백성을 돌보사 속량하셨다"고 이미 과거 시제로 말하고 있기 때문입니다. 예수님은 아직 태어나지 않은 아기인데 어떻게 "속량하셨다"라고 말할 수 있을까요? 십자가와 부활은 앞으로 30여 년 뒤의 사건인데도 말이지요.

이는 성령께서 사가랴를 통해 말씀하신 것이기 때문입니다. 예수님은 언제나 신실하시며, 우리의 구원은 아주 견고하고 매우 확실하게 보장되어 있다고 말이지요. 예수님의 죽음과 부활을 통한 구속은 너무나 분명하고 반드시 이루어질 일이었기 때문에, 이미 이루어진 것처럼 과거 시제로 선포된 것입니다. 예수님은 우리가 온 마음을 다해 의지할 수 있는 신실하신 구주이십니다.

기도합니다. 구주 예수님, 주님만큼 신뢰할 만한 분은 없습니다. 온 마음을 다해 주님께 의지할 수 있음에 감사합니다. 아멘.

생각과 나눔

1. 신뢰의 의미

- 나는 언제 어떤 사람을 "믿을 만하다"고 느낄까요? 믿음직한 사람은 어떠한가요?
- 자신의 살아온 시절을 되돌아보면, 혹시 누군가의 약속을 믿었다가 실망했던 경험이 있나요?
- 최근에 나의 일상 속에서 하나님을 온전히 신뢰할 수 있었던 일이나 경험이 있을까요?

2. 예수님을 신뢰할 수 있는 이유

- 아직 이루어지지 않은 일을 이미 이루어진 것처럼 말씀하시는 하나님을 어떻게 이해할 수 있을까요?
- 예수님의 십자가와 부활이 "확실하다"는 사실은 오늘 내 삶에 어떤 힘이 되나요?
- 내가 예수님을 전적으로 신뢰해도 안전하다고 확신할 수 있는 이유는 무엇인가요?

3. 삶 속에서의 체험

- 살아오는 동안에 하나님께서 약속을 지키시는 것을 체험한 적이 있다면 언제인가요?
- 나의 마음이 흔들리고 무너져내렸을 때, 하나님께서 신실하게 도와주신 경험이 있었나요?
- 나는 어떠한 시련이 들이닥쳐도 하나님을 믿고 자신을 온전히 내맡길 수 있을까요?

믿음은 바라는 것들의 실상이요
보이지 않는 것들의 증거니.
히브리서 11:1

끝까지 함께하신 주님

12·17 수

눅 1:76-79 "아기야, 너는 가장 높으신 분의 예언자라 불릴 것이니, 주님보다 먼저 가서 그의 길을 예비하고, 죄 사함을 받아서 구원을 얻는 지식을 그의 백성에게 가르쳐 줄 것이다. 이것은 우리 하나님의 자비로운 심정에서 오는 것이다. 그분은 해를 하늘 높이 뜨게 하셔서, 어둠 속과 죽음의 그늘 아래에 사는 사람들에게 빛을 비추게 하시고, 우리의 발을 평화의 길로 인도하실 것이다."

사가랴의 찬가에 등장하는 아침노을의 이미지는 참으로 따뜻합니다. 새벽빛이 어둠을 몰아내고 길을 환히 비추듯, 하나님의 은혜가 우리를 평강의 길로 이끄신다는 약속이 담겨 있기 때문입니다.

그런데 가만히 생각해보면 조금은 의아합니다. 해는 굳이 우리가 사는 땅에 내려오지 않아도 됩니다. 머나먼 하늘에 머무르며 빛만 비춰도 충분할지 모르죠. 그러나 하나님은 거기에 만족하지 않으셨습니다. 우리 곁으로 친히 오셔서 함께하기를 택하신 것이지요.

사가랴가 말한 아침노을은 단순한 자연의 빛이 아니라, 곧 예수님 자신을 가리킵니다. 주님은 멀리 하늘에서 빛만 비추는 분이 아닙니다. 우리 곁으로 몸소 내려오신 분이시죠. 높고 영화로운 자리를 떠나 구유의 짚더미 속에 누우셨고, 더 나아가 끝내 십자가의 죽음과 무덤 속으로까지 내려가셨습니다

그러나 그분은 그곳에 머무르지 않으셨습니다. 모든 해가 다시 떠오르듯, 예수님은 죽음을 이기고 부활하셨습니다. 이제 주님은 우리를 영원히 비추는 빛이 되시고, 죄와 죽음 가운데 있던 우리를 구원하시며, 평강의 길로 인도하십니다.

기도합니다. 주님, 저를 위해 끝까지 내려오시고, 놀라운 사랑을 베풀어주신 은혜를 감사합니다. 아멘.

생각과 나눔

1. 도움의 경험을 떠올리며
- 최근에 누군가에게서 도움을 받은 적이 있나요? 그때 어떤 마음이 들었나요?
- 그 도움이 단순한 호의였는지, 아니면 나를 깊이 이해한 마음에서 나온 것처럼 느껴졌나요?
- 내가 누군가를 도울 때, 내 안의 사랑은 어디에서부터 시작될까요?

2. 예수님의 낮아지심
- 왜 예수님은 멀리서 빛을 비추는 것에 만족하지 않으시고 친히 오셨을까요?
- 예수님이 구유까지, 십자가까지 내려오셨다는 사실은 내게 어떤 울림을 주나요?
- 예수님의 낮아지심이 오늘 내 신앙생활에 어떤 겸손과 위로를 줍니까?

3. 부활과 우리의 삶
- 예수님이 부활의 빛으로 다시 떠오르셨다는 사실은 어떤 희망을 나에게 선사하나요?
- 나는 예수님을 '빛과 평강의 길'로 따르고 있나요?
- 오늘 내 삶에서 예수님을 빛으로 드러내야 할 영역은 어디일까요?

그는 근본 하나님의 본체시나…자기를 낮추시고
죽기까지 복종하셨으니 곧 십자가에 죽으심이라.
빌립보서 2:6~8

드러난 비밀

12·18 목

마 1:18 예수 그리스도의 태어나심은 이러하다. 그의 어머니 마리아가 요셉과 약혼하고 나서, 같이 살기 전에, 마리아가 성령으로 잉태한 사실이 드러났다.

"잉태한 사실이 드러났다"는 말씀은 당시 마리아의 가족에게 큰 충격이었을 것입니다. 그 시대와 문화에서 약혼한 딸이 약혼자가 아닌 남자의 아이를 가졌다는 사실은 상상하기 힘든 일이었습니다. 분명히 집안에는 분노와 소란이 가득했을 것입니다. 요셉에게 소식을 알리는 것조차 쉽지 않았을 것이고, 그의 반응에 따라 가문의 명예가 허물어질 수도 있었습니다.

마리아는 세 달 동안 자신의 이야기를 믿어준 엘리사벳의 집에서 지냈습니다. 그러나 고향으로 되돌아왔을 때는 가족의 분노, 두려움, 수치심과 맞닥뜨려야 했습니다. 마리아가 이 놀라운 소식을 이해시킬 방법을 찾으려 했을지 몰라도 가족들의 마음을 열기에는 역부족이었을지 모르겠습니다.

예수님은 바로 이런 세상에 오셨습니다. 불신과 두려움, 수치심이 가득하고, 사랑하는 이들조차 서로에게 상처를 주는 세상 말입니다. 주님께서 바로 그곳에 오시기를 선택하셨습니다. 오셔서 죄와 악이 남긴 깊은 상처를 치유하시고, 우리를 위해 자신의 생명을 내어주심으로 자유를 베푸셨습니다. 그리고 마침내 죽음을 이기고 부활하셔서 우리에게 새 생명을 열어주셨습니다. 하나님과 서로를 향한 평화와 신뢰, 사랑으로 가득한 영원한 삶을 허락하셨습니다.

기도합니다. 주 예수님, 저희의 필요를 아시고 이 땅에 오셔서 고통과 수치심 속에 있는 저희를 도와주심에 감사드립니다. 아멘.

생각과 나눔

1. 마리아의 상황을 떠올리며
- 내가 마리아였다면 가족들에게 무슨 말을 했을까요?
- 내가 마리아의 가족이었다면, 그녀의 이야기를 믿을 수 있었을까요?
- 누군가가 내게 믿기 어려운 이야기를 털어놓을 때, 나는 어떻게 반응하나요?

2. 힘과 위로의 근원
- 마리아는 어떤 힘으로 이 시간을 견뎌낼 수 있었을까요?
- 하나님은 그녀에게 어떤 위로와 확신을 주셨을까요?
- 나는 어려운 상황에 놓였을 때 어디에서 힘을 얻나요?

3. 오늘 우리의 적용
- 살아오는 동안에 불신과 두려움 그리고 수치심 때문에 관계가 흔들릴 때가 있었나요?
- 예수님이 바로 이런 속된 세상에 오셨다는 사실은 내게 어떤 소망이 되나요?
- 오늘 나는 어떻게 예수님이 주시는 평강과 신뢰, 사랑을 나누며 살아갈 수 있을까요?

대저 하나님의 모든 말씀은
능하지 못하심이 없느니라
누가복음 1:37

요셉의 마음, 예수님의 마음

12·19 금

마 1:19 마리아의 남편 요셉은 의로운 사람이므로, 약혼자에게 부끄러움을 주지 않으려고, 가만히 파혼하려 하였다.

결혼을 준비하며 행복해하던 요셉의 마음은 단번에 고꾸라졌습니다. 약혼한 마리아가 결혼식을 올리기에 앞서 이미 임신했으니까요. 요셉이 참으로 안쓰럽습니다.

그런데 그때 요셉의 태도에 주목해 봅시다. 그는 소리치며 노여워하거나 마리아에게 윽박지르지 않았습니다. 오히려 마리아가 부끄럽지 않도록 조용히 약혼을 정리하려 했지요. 요셉이 얼마나 마리아를 지키려 했는지 깊고 귀한 그의 마음이 전해집니다. 요셉은 앞으로 태어날 그의 양아들, 곧 예수님의 모습을 닮았죠. 그는 마리아의 고통과 수치를 함께 짊어지려 했습니다.

물론 요셉은 나중에야 결국 마리아에게는 잘못이 없었음을 알게 되죠. 하나님께서 그녀 안에서 위대한 일을 시작하셨음을 뒤늦게 깨달습니다. 요셉과 달리 예수님은 단 한 순간도 착각하지 않으십니다. 우리가 처음부터 죄인이었다는 사실을 주님은 아셨습니다. 우리는 실제로 죄인이었고, 깨어지고 부서진 존재였습니다. 그런데도 주님은 우리를 외면하지 않으시고, 긍휼로 품으시며 끝내 십자가까지 나아가셨습니다. 그리고 부활하심으로 그 생명을 우리에게 나누어 주셨습니다. 이것이 요셉의 이야기와 비슷하면서도 사뭇 다른 주님의 사랑입니다. 우리를 향한 사랑의 깊이에 감사할 따름입니다. 이제 우리는 더 이상 심판받는 죄인이 아니라, 예수님의 신부요 하나님의 용서받은 백성이 되었습니다(로마서 7:4, 요한계시록 19:7-8 참조).

기도합니다. 주 예수님, 저희의 참모습을 다 아시면서도 사랑하시고 당신의 것으로 삼아 주시니 감사합니다. 주님을 사랑합니다. 아멘.

생각과 나눔

1. 요셉의 선택에서 배우는 것
- 요셉은 자신이 상처 입은 순간에도 마리아를 지키려 했습니다. 나는 억울하거나 상처받았을 때 어떻게 반응하나요?
- 타인의 잘못처럼 보이는 일이 사실은 하나님의 역사일 수 있음을 믿나요?
- 누군가의 허물을 덮어 주는 선택을 해야 했던 경험이 있나요? 그때 나는 어떻게 했나요?

2. 예수님의 사랑과 긍휼
- 예수님은 우리의 죄를 처음부터 아시면서도 사랑하셨습니다. 이 사실이 내게 어떤 위로가 되나요?
- 주님 앞에 가장 숨기고 싶은 나의 모습은 혹시 무엇인가요?
- 예수님의 십자가 사랑은 나의 죄책감이나 수치심을 어떻게 변화시키나요?

3. 새로운 신분, 새로운 삶
- 우리는 더 이상 심판받는 죄인이 아니라 주님의 신부요 하나님의 백성입니다. 이 새로운 신분을 나는 어떻게 살아내고 있나요?
- 하나님의 용서를 실제로 경험한 적이 있나요? 그것이 나의 삶을 어떻게 바꾸었나요?
- 주님의 사랑을 받은 내가, 다른 이들에게 "긍휼로 품는 사랑"을 어떻게 전할 수 있을까요?

사람이 친구를 위하여 자기 목숨을 버리면
이보다 더 큰 사랑이 없나니. 요한복음 15:13

두려워 말라

12·20 토

마 1:20-23 요셉이 이렇게 생각하고 있는데, 주의 천사가 꿈에 그에게 나타나서 말하였다. "다윗의 자손 요셉아, 두려워하지 말고, 마리아를 네 아내로 맞아들여라. 그 몸에 잉태된 아기는 성령으로 말미암은 것이다. 마리아가 아들을 낳을 것이니, 너는 그 이름을 예수라고 하여라. 그가 자기 백성을 그들의 죄에서 구원하실 것이다." 이 모든 일이 일어난 것은, 주께서, 예언자를 시켜서 이르시기를 "보아라, 동정녀가 잉태하여 아들을 낳을 것이니, 그의 이름을 임마누엘이라고 할 것이다" 하신 말씀을 이루려고 하신 것이다. 임마누엘은 번역하면 '하나님이 우리와 함께 계시다'는 뜻이다.

요셉의 마음은 번민으로 득시글했습니다. 마리아를 향한 불안과 슬픔에 짓눌린 나머지 지쳐 쓰러지듯 잠에 빠져들었습니다. 만약 그런 마음으로 결혼을 이어갔다면, 그의 삶은 의심과 고통 속에서 쉴 새 없이 흔들렸겠죠. 그런 요셉에게 하나님께서 다가오셨습니다. 고뇌하다 잠든 그의 꿈에 천사를 보내 말씀하신 것입니다. "두려워하지 말고 마리아를 아내로 맞아들여라."

하나님께서는 요셉이 안고 있던 무거운 짐을 보시고, 간과하지 않으셨습니다. 그의 마음을 어루만지면서 그의 두려움을 잠재워 주셨습니다. 하나님은 언제나 우리의 형편과 사정을 아십니다. 우리가 맞닥뜨린 문제를 깊이 들여다보시고, 다른 이에게는 차마 털어놓기조차 창피하고 난처한 일일지라도 외면하지 않으십니다. 친히 다루어 주시죠.

하나님의 따뜻한 손길은 결국 예수님 안에서 가장 뚜렷하게 드러났습니다. 하나님께서는 우리를 구원하시고자 이 땅에 몸소 내려오셨습니다. 우리의 수치와 두려움 그리고 죄의 무거운 짐을 대신 짊어지시기 위해 십자가로 가셨습니다. 그리고 죽음을 이기고 부활하셔서 우리에게 새 생명을 주셨죠. 그 어떤 문제도, 그 어떤 사람도 주님의 사랑과 구원에서 벗어날 수 없습니다.

기도합니다. 구세주 예수님, 제 작은 걱정과 아픔까지도 헤아려 주시니 정말로 감사합니다. 아멘.

생각과 나눔

1. 우리의 두려움과 염려
- 다른 사람에게는 차마 말하지 못할 부끄럽고 힘든 걱정이 있나요?
- 그런 문제를 하나님 앞에 털어놓는 것이 왜 힘들까요?
- 두려움과 염려를 하나님께 맡겼을 때 경험한 평안이 있다면, 그것은 어떤 순간이었나요?

2. 기도의 자리에서
- 기도할 때, 나는 주로 어떤 부분을 숨기고 싶어 하나요?
- 하나님 앞에서조차 주저하는 마음을 어떻게 이해할 수 있을까요?
- 감추고 싶은 부분까지도 주님께 내어드린다면, 내 삶은 어떻게 달라질까요?

3. 주님이 주시는 위로와 확신
- 예수님께서 이미 내 문제를 아시고 돕고 계신다는 사실을 믿나요?
- 주님이 나의 문제를 해결해 가시는 과정을 체험한 적 있나요?
- 나는 예수님께서 주시는 확신으로 타인의 마음을 어루만질 수 있을까요?

너희 염려를 다 주께 맡기라 이는 그가 너희를 돌보심이라.
베드로전서 5:7

꿈꾸는 사람, 요셉

12·21 주일

마 1:24-25 요셉은 잠에서 깨어 일어나서, 주의 천사가 말한 대로, 마리아를 아내로 맞아들였다. 그러나 아들을 낳을 때까지, 아내와 잠자리를 같이 하지 않았다. 아들이 태어나니, 요셉은 그 이름을 예수라고 하였다.

하나님께서 요셉에게 다가오신 방식은 오직 꿈이었습니다. 신비롭고 흥미로운 일이죠. 그러나 곰곰이 생각하면 놀라운 일만은 아닙니다. 요셉이라는 이름 자체가 이미 꿈과 깊은 연관을 지니고 있으니까요. 우리는 자연스레 구약의 요셉을 떠올리게 됩니다. 창세기 37장부터 50장까지 등장하는 요셉은 꿈을 통해 하나님의 뜻을 귀기울여 들었고, 하나님께서는 그를 세워 이스라엘 민족을 기근에서 구하셨습니다.

구약의 요셉은 애굽의 곡식을 관리하는 일을 성공적으로 수행하며 한 나라를 살리기도 했지요. 그 은혜는 이스라엘 백성에게만 머문 것이 아니라, 수많은 이방인에게까지 흘러가 생명을 주었습니다. 반면 신약의 요셉에게 맡겨진 일은 전혀 달랐습니다. 그에게 주어진 임무는 아내와 아기를 돌보는 일이었죠. 평범하고 대수롭지 않은 일처럼 보였으나, 그의 품에 안긴 아기는 바로 예수님이셨습니다. 예수님은 "생명의 떡"이 되셔서, 자신의 삶과 죽음과 부활을 통해 온 세상을 마침내 구원하실 분이었죠.

예수님께서는 친히 말씀하셨습니다. "나는 하늘에서 내려온 살아 있는 떡이니, 사람이 이 떡을 먹으면 영원히 살리라." (요한복음 6:51상) 그분을 믿는 사람은 누구도 결코 멸망하지 않을 것입니다.

기도합니다. 예수님, 당신의 이름은 "하나님은 구원이시다"라는 뜻입니다. 그 이름 그대로, 제 구원이 되어주신 주님을 찬양합니다. 제 삶 속에서 늘 저를 붙들어 주심에 감사드립니다. 아멘.

생각과 나눔

1. 이름과 정체성
- 내 이름에는 어떤 뜻이 담겨 있나요?
- 나는 그 이름대로 살아가고 있다고 느끼나요?
- 성경 속 인물들처럼, 내 이름이 하나님의 계획과 연결된 순간이 있었나요?

2. 예수님의 이름, 우리의 구원
- "예수"라는 이름은 왜 그분께 가장 합당한 이름일까요?
- 나는 그 이름 안에서 어떤 위로와 힘을 얻고 있나요?
- 내 삶에서 '예수는 구원자'라는 사실이 가장 깊이 다가온 순간은 언제였나요?

3. 생명의 떡으로 사는 삶
- 예수님을 '생명의 떡'으로 받아들인다는 것은 구체적으로 무엇을 뜻할까요?
- 나는 어떤 방식으로 날마다 주님을 '먹고 마시는' 삶을 살고 있나요?
- 그 생명의 떡을 나누어야 할 사람은 내 곁에 누구일까요?

내가 너를 지명하여 불렀나니
너는 내 것이라.
이사야 43:1

보호자 요셉

12·22 월

눅 2:1, 3-5 그때 아우구스투스 황제가 칙령을 내려서 온 세계가 호적등록을 하게 되었는데, 모든 사람이 호적등록을 하러 저마다 자기 동네로 갔다. 요셉은 다윗 가문의 자손이므로, 갈릴리의 나사렛 동네에서 유대에 있는 베들레헴이라 하는 다윗의 동네로, 자기의 약혼자인 마리아와 함께 등록하러 올라갔다. 그때 마리아는 임신 중이었다.

요셉이 가족을 지켜낸 모습은 뭉클합니다. 그는 만삭에 가까운 마리아와 태중의 아기를 데리고, 베들레헴을 향해 무려 90마일(약 145km)의 험난한 여정을 떠났죠. 언뜻 보기에는 보호가 아니라, 오히려 마리아에게 더 큰 고통을 안긴 것처럼 보이기도 합니다.

그러나 당시의 현실을 생각해보면, 이 행동이야말로 요셉이 할 수 있었던 가장 다정한 보호였습니다. 결혼한 지 반년도 채 안 되었을 때 고향에서 출산했다면, 마리아를 두고 사람들은 시시덕거리며 수군거렸겠죠. 곱지 않은 시선에 이미 노출되어 있었을지도 모릅니다.

그래서 요셉은 마리아와 아기를 데리고 여정에 나섰습니다. 사람들이 아기가 언제 태어났는지 명확하게 알 수 없도록 말이죠. 더 안전한 곳에서 출산하게 하려는 배려였습니다. 요셉은 이렇게 마리아와 아기 예수를 사람들의 눈총과 비난으로부터 지켜냈습니다.

그리고 놀랍게도 요셉의 애정 어린 보호가 하나님의 약속을 성취하는 역사로 이어졌습니다. 메시아가 베들레헴에서 태어나리라는 선지자의 예언이 실현된 것이죠. 요셉의 배려가 하나님의 섭리와 이어져 구원의 역사가 열렸습니다. 요셉이 가족을 지켜냈듯, 예수님은 사랑으로 우리를 품어 주십니다.

기도합니다. 구세주 예수님, 주님은 저를 죄와 죽음과 악한 자의 손에서 지켜주십니다. 저를 이토록 사랑해 주시니 감사합니다. 아멘.

생각과 나눔

1. 누군가를 지킬 때
- 누군가가 비난이나 오해를 받을 때, 나는 어떻게 행동하나요?
- 누군가를 지켜 주려 했다면, 그때 그 사람은 어떤 위로를 얻었을까요?
- 가족과 이웃을 향한 하나님의 사랑에 나는 어떻게 동참할 수 있을까요?

2. 요셉과 마리아의 이야기
- 요셉은 마리아가 사람들의 손가락질에 상처받지 않도록 함께 길을 떠났습니다. 나는 누군가의 존엄을 지켜주기 위해 불편을 감수한 적이 있나요?
- 만약 내가 마리아였다면, 요셉의 선택을 어떻게 받아들였을까요? 안도였을까요, 또 다른 두려움이었을까요?
- 내가 누군가의 배려와 보호를 받았던 순간을 떠올려 보세요. 그 경험은 내게 어떤 위안이나 힘이 되었나요?

3. 예수님의 보호와 구원
- 나를 지키시고자 예수님이 십자가에서 죽으시고 부활하셨다는 사실은 내 마음에 어떤 감동을 주나요?
- 주님이 나를 지켜준다는 확신은 두려움에 맞설 때 어떤 힘이 되나요?
- 내가 체험한 주님의 보호와 위로를 어떻게 전할 수 있을까요?

나는 선한 목자라 선한 목자는 양들을 위하여
목숨을 버리거니와 요한복음 10:11

하나님께서 뜻하신 자리

12·23 화

눅 2:6 그들이 거기에 머물러 있는 동안에, 마리아가 해산할 날이 되었다.

아기의 탄생은 막을 수 없는 일입니다. 때가 되면 아기는 태어납니다. 어디에 있든, 상황이 어떻든 준비 여부와 상관없이 새 생명은 세상으로 나오죠.

예수님의 탄생도 그랬습니다. 요셉은 아기 낳을 곳을 찾으려 애썼지만, 마음처럼 되지 않았습니다. 더 나은 공간은 이미 다 차 있었고, 결국 구유밖에 머물 곳이 없었던 것이지요. 하나님의 아들은 세상에서 가장 낮고 초라한 자리에서, 가장 가난한 아기로 태어나셨습니다.

하지만 이 모든 건 하나님의 깊은 뜻이 담긴 일이었습니다. 하나님은 바로 그 시간, 바로 그 자리, 바로 그 환경을 원하셨습니다. 가족의 도움이나 따뜻한 보살핌에서 멀리 떨어진 채, 차갑고 열악한 곳에서 태어나신 아기 예수는 그분의 삶 전체를 미리 보여 주셨습니다. 머리 둘 곳도 없이 떠돌며 사셨고, 끝내 십자가에서 고난을 받으셨지요. 예수님의 길은 모두 성경의 말씀을 이루는 길이었습니다.

낮은 곳에 임하신 주님은 모든 사람의 구원자가 되셨습니다. 편안하고 넉넉한 사람들만이 아니라, 가난한 이들과 집 없는 이들 그리고 의지할 가족도 친구도 없는 이들까지 모두 품으셨죠. 십자가의 죽음과 부활을 통해 우리를 영원한 가족으로 삼으시고, 위로와 안식의 집을 주셨습니다.

기도합니다. 사랑의 주님, 낮은 자리로 오셔서 제 삶에도 찾아와 주심에 감사드립니다. 편안한 길이 아닌 어려운 길을 택하셔서, 저를 사랑으로 품어 주셔서 더욱 고맙습니다. 아멘.

오늘의 찬양

잘 자라, 내 사랑아 (Schlafe, mein Liebster)〉

칸타타 BWV 213 〈Hercules am Scheidewege (헤라클레스의 갈림길에서)〉中

생각과 나눔

1. 낮은 자리에서 오신 주님

- 예수님이 가장 낮은 자리에 태어나셨다는 사실은 어떤 울림을 주나요?
- 나는 '낮은 자리'를 언제 경험했나요? 그때 주님이 함께하셨나요?
- 일부러 낮은 자리에 오신 주님을 나의 삶에서 어떻게 되새길 수 있을까요?

2. 모두를 위한 구원

- 예수님은 잘 사는 사람들뿐 아니라, 가난하고 외롭고 버려진 이들을 위해 오셨습니다. 나는 주님의 이 마음을 어떻게 본받을 수 있을까요?
- 소외되거나 힘겨워하는 이들에게 주님의 사랑을 어떻게 나눌 수 있을까요?
- 나는 혹시 누군가를 무심코 배제하거나 멀리한 적은 없나요? 그때 주님은 내게 무엇을 일깨워 주셨나요?

3. 참된 집과 가족

- 예수님은 십자가와 부활을 통해 우리를 영원한 가족으로 삼으셨습니다. 나는 '하나님의 가족'이라는 정체성을 어떻게 누리고 있나요?
- 주님 안에서 참된 안식을 얻는 일이 나의 삶에 어떤 의미가 있나요?
- 내가 경험한 주님의 사랑과 위로를 다른 사람과 어떻게 나눌 수 있을까요?

때가 차매 하나님이 그 아들을 보내사 여자에게서 나게 하시고
율법 아래에 나게 하신 것은 율법 아래에 있는 자들을
속량하시고 우리로 아들의 명분을 얻게 하려 하심이라.
갈라디아서 4:4-5

가장 안전한 곳

12·24 수

눅 2:7 마리아가 첫아들을 낳아, 포대기에 싸서, 구유에 눕혀 두었다. 여관에는 그들이 들어갈 방이 없었기 때문이다.

출산을 경험해 본 사람이라면 누구나 알 것입니다. 해산의 고통을 막 겪은 지친 몸으로 아기를 돌보려면 온 힘을 다해야 한다는 사실을 말이죠. 마리아도 그랬을 것입니다. 그런데 누가복음은 이렇게 전합니다. "여관에는 그들이 묵을 자리가 없었다"고 말이지요. 그 자리가 여관방이든 손님방이든 중요하지 않습니다. 문제는 산모와 남편, 그리고 갓 태어난 아기가 안식할 공간조차 없었다는 사실입니다. 곧 하나님을 모실 자리가 세상에 없었던 것입니다.

그렇다면 왜 아기 예수님을 구유에 눕혔을까요? 마리아와 요셉은 아이를 어디엔가 안전하게 눕혀야 했습니다. 누군가 발로 차거나, 실수로 다치게 하거나, 해를 입히지 못하도록 말이죠. 만약 그곳이 마구간이었다면 쥐나 다른 동물들이 어슬렁거렸을지도 모릅니다. 그래서 그들은 아기를 그나마 가장 안전한 곳이라 여겨지는, 먹이통인 구유에 눕혔던 것입니다.

연약한 아기로 태어나신 예수님은 요셉과 마리아의 돌봄을 필요로 하셨습니다. 그러나 십자가의 죽음과 부활을 이루신 후, 이제는 구원의 주로서 오히려 우리를 지켜주십니다. 주님은 우리에게 새 생명을 주시고, 죄와 죽음에서 건져내십니다. 하나님의 사랑받는 자녀 된 우리가 가장 안전한 자리에서 거하도록, 지금도 주님은 우리를 품에 안아 보호하십니다. 마치 아버지께 드린 주님의 기도처럼 말이지요. "내가 아버지 안에 있고 아버지께서 내 안에 계신 것 같이, 그들도 하나 되어… 세상이 아버지께서 나를 보내신 것과 나를 사랑하신 것을 알게 하소서"(요한복음 17:23). 이 고백 속에 우리가 굳게 붙들어야 할 주님의 사랑이 담겨 있습니다.

기도합니다. 사랑의 주님, 저를 품어 가장 안전한 자리에 머물게 하시니 감사합니다. 아멘.

생각과 나눔

1. 구유에 누이신 아기 예수

- 불편하고 누추한 자리에서 태어나신 예수님의 탄생은 지금 내 삶의 어떤 모습과 닮아있을까요?
- 그때 세상에 하나님을 모실 자리가 없었던 것처럼, 지금 내 마음 안에도 주님이 머물 자리가 점점 사라지고 있진 않을까요?
- 내 안에 주님이 머무실 자리를 막고 있는 것은 무엇일까요?

2. 보호와 안전

- 누군가를 지켜야겠다고 마음먹은 적이 있나요? 그때 내 안에서 어떤 사랑이 자라났나요?
- 누군가를 지키기 위해 감수해야 했던 불편은 무엇이었나요?
- 주님 안에서 느끼는 '안전함'은 세상에서 말하는 '안전'과 뭐가 다른 것 같나요?

3. 예수님의 품 안에서

- 나는 언제 주님의 품 안에 있다는 것을 오롯하게 느꼈나요?
- 그 확신이 당신에게 어떤 용기를 주었나요?
- 내가 받은 주님의 보호와 위로를 다른 사람들과 나누려면 앞으로 나는 어떻게 해야 할까요?

너희를 위해 나셨다

12·25 성탄절

눅 2:8-11 그 지역의 목자들이 들에서 밤을 새우면서, 자기들의 양 떼를 지키고 있었는데, 주의 천사가 그들에게 나타나고, 주의 영광이 그들에게 두루 비치었다. 그들은 몹시 두려워하였다. 천사가 그들에게 말하였다. "두려워하지 말아라. 나는 온 백성에게 큰 기쁨이 될 소식을 너희에게 전해 준다. 오늘 다윗의 동네에서 너희에게 구주가 나셨으니, 그는 곧 그리스도 주님이시다."

아직도 저는 제 아이의 탄생 순간을 잊지 못합니다. 작은 아기가 제 품에 안겨 왔을 때, 제 마음에는 이루 말할 수 없는 기쁨과 감격이 밀려들었죠. '이 아이가 내게 주어졌구나.' 사랑하고, 기뻐하며, 품을 수 있는 존재가 제 삶에 들어왔습니다. 아이가 다 자란 지금도, 이 아이는 여전히 제 아이이며 앞으로도 언제까지나 제게 속한 아이일 것입니다.

천사들이 목자들에게 전한 소식도 이와 비슷합니다. "오늘 너희를 위하여 구주가 나셨다." 놀라운 소식이죠. 하나님께서 우리에게 구주를 보내셨습니다. 그것도 하나님의 사랑받는 아들이자, 곧 하나님 자신이신 분을 보내셨죠. 예수님은 마리아와 요셉만의 아기가 아니라, 모든 죄인과 상처 입은 사람들 그리고 우리 모두를 위해 태어나셨습니다. 예수님은 우리 모두의 편이라고 할 수 있죠. 우리가 깊이 사랑하고, 기뻐할 수 있는 분이십니다.

동시에 우리는 주님에 속합니다. 예수님은 우리를 당신의 소유로 삼기 위해 십자가에서 생명을 내어주셨죠. 그리고 부활하셔서 다시는 죽지 않으시기에, 우리도 그와 함께 영원히 살게 되었습니다.

우리는 주님의 것이고, 주님은 우리의 것이 되셨습니다. 예수님은 우리를 위해 태어나셨고, 그 사랑의 약속은 영원히 변하지 않습니다.

기도합니다. 주 예수님, 저는 주님에게 속하고, 주님은 저의 든든한 반석이십니다. 변치 않는 사랑과 은혜에 진실로 감사드립니다. 아멘.

생각과 나눔

1. 아기의 탄생과 기쁨
- 왜 아기가 태어날 때 사람들은 큰 기쁨을 느끼게 될까요?
- 내가 살아오는 동안 '새로운 생명'을 맞이한 순간에 어떤 감동이 생겼나요?
- 최근에 나는 예수님의 탄생을 묵상할 때도 커다란 기쁨을 얻고 있나요?

2. 예수님, 우리에게 주어진 구주
- "너희를 위해 구주가 나셨다"는 말씀이 내게 새롭게 들렸던 순간이 있나요?
- 예수님이 마리아와 요셉만의 아기가 아니라, 나의 구주시라는 사실이 내 마음에 가까워졌던 순간은 언제였나요?
- 예수님께 속한다는 건, 어떤 사랑의 관계를 뜻할까요?

3. 우리는 주님의 것
- "나는 주님의 것이고, 주님은 나의 것이 된다"는 확신이 내 삶에 어떤 힘을 주나요? 그리고 그 확신을 가장 깊이 느꼈던 순간은 언제였나요?
- 이 소속의 관계를 다른 사람에게 어떻게 전하고 나눌 수 있을까요?

갑자기

눅 2:12-14 천사가 말하였다. "너희는 갓난아기가 포대기에 싸여, 구유에 뉘어 있는 것을 볼 터인데, 이것이 너희에게 주는 표적이다." 갑자기 그 천사와 더불어 많은 하늘 군대가 나타나서, 하나님을 찬양하여 말하였다. "가장 높은 곳에서는 하나님께 영광이요, 땅에서는 주께서 기뻐하시는 사람들에게 평화로다."

첫 번째 천사가 말을 마치자마자, 갑작스레 천사들이 하늘을 뒤덮으며 나타나 하나님께 찬양을 드립니다. 마치 더는 참을 수 없다는 듯이, 하나님께서 우리에게 예수님을 보내주신 일을 기뻐하며 노래하기 시작한 것이지요.

천사들의 환호성은 세상 방방곡곡으로 울려 퍼졌습니다. "지극히 높은 곳에서는 하나님께 영광이요, 땅에서는 평화로다." 구원이 필요하지 않았던 천사들조차 하늘 가득 찬양을 울려 퍼뜨리며 환희로 노래했습니다. 왜일까요? 하나님의 구원이 죄로 인해 길을 잃어버린 우리 인간을 향해 베풀어졌기 때문입니다. 하나님께서 연약한 아기의 모습으로 이 땅에 오셨다는 사실은 하나님의 사랑이 철저히 타자를 위한 사랑임을 여실히 보여줍니다. 천사들은 바로 그 사랑을 보고 감격하여 찬양을 터뜨린 것입니다.

게다가 아기 예수님은 위로를 넘어 참된 구원의 길이 되시지요. 그분은 장차 고난과 십자가 그리고 부활을 통해 하나님과 우리를 이어주십니다. 그래서 천사들은 확신했죠. 언젠가 인류도 천사들처럼 하나님을 찬양하며 모든 피조물과 더불어 영원한 기쁨을 누리리라는 사실을 말이죠.

이 기쁨은 천사들만의 노래가 아닙니다. 우리가 누군가에게 예수님의 복음을 전할 때, 우리도 천사들의 성가대에 함께 서는 것과 진배없습니다. 하나님께서 멀어진 우리를 다시 꼭 안아 주시고, 사랑을 듬뿍 담아서 집으로 불러주시니, 참사람이신 예수 그리스도의 사랑 안에서 우리는 영원히 노래하며 기뻐합니다.

기도합니다. 사랑의 아버지, 예수님을 보내주셔서 정말로 감사합니다. 아멘.

생각과 나눔

1. 하늘 가득 울려 퍼진 노래
- 천사들이 예수님의 탄생에 기뻐하며 터뜨린 찬양은 어떤 울림을 주나요?
- 이미 하나님 곁에 거하는 천사들이 구원이 필요 없는데도 그렇게 기뻐한 이유는 무엇이라고 생각하나요?
- 타인의 구원이나 행복을 보며 진심으로 기뻐했던 경험이 있나요?

2. 우리를 향한 하나님의 사랑
- 하나님께서 멀리 떠난 우리를 "다시 집으로 불러주셨다"는 표현이 내 마음에는 어떻게 다가오나요?
- '참 하나님이시며 참사람이신 예수님'이 내 구원자라는 사실은 어떤 위로와 힘을 주나요?
- 혹시 하나님에게서 멀어졌다가 다시 하나님 품으로 돌아온 경험이 있나요?

3. 천사들의 노래에 함께 서며
- 내가 복음을 전한 적이 있다면, 그때 내 마음은 어땠나요?
- 아직 예수님의 소식을 알지 못하는 사람에게 어떻게 다가갈 수 있을까요?
- 오늘 천사들의 성가대에 선다면, 그 복음을 누구를 향해 나눌 건가요?

구유에 누인 아기

12·27 토

눅 2:15-18, 20 천사들이 목자들에게서 떠나 하늘로 올라간 뒤에, 목자들이 서로 말하기를 "베들레헴으로 가서, 주께서 우리에게 알려 주신 바, 일어난 그 일을 봅시다" 하였다. 그래서 그들은 급히 달려가서, 마리아와 요셉과 구유에 누워 있는 아기를 찾아냈다. 그들은 아기를 보고 나서, 이 아기에 관하여 자기들이 들은 말을 사람들에게 알려 주었다. 사람들은 목자들이 그들에게 전하는 말을 듣고 모두 이상히 여겼으나 … 목자들은 듣고 본 것이 다 자기들에게 일러주신 것과 같았기 때문에, 하나님께 영광을 돌리며, 찬미하면서 돌아갔다.

하늘 가득 울려 퍼지던 천사들의 찬양은 정말 놀라운 대조를 이룹니다. 바로 구유 곁에서 지친 몸을 기댄 작은 가족 그리고 아기 예수의 모습과 말이죠. 마리아가 정성껏 쌌으나 낡은 포대기에 안긴 아기를 바라보며 목자들은 무슨 마음이 일었을까요? 겉보기에는 보잘것없고 연약하기만 한 아기에게서 하나님의 약속과 영광을 알아볼 수 있었을까요?

목자들은 흔들림 없이 천사들의 말을 믿었습니다. 눈에 보이는 겉모습에 갇히지 않고, 하나님의 약속을 굳게 붙들었습니다. 그래서 사람을 만날 때마다 전했습니다. 마침내 하나님께서 이 아프도록 괴로운 세상에 구세주, 곧 예수 그리스도를 보내주셨다는 놀라운 소식을 말이죠. 그리고 양 떼를 돌보러 되돌아가는 길에도 하나님께 찬송을 올렸습니다. 그들은 노래를 멈추지 않았습니다. 하나님의 약속이 결코 헛되지 않음을 잘 알고 있었으니까요.

예수님께서 자라나셔서 위대한 구원의 일을 이루시기까지는 아직 긴 세월이 남아 있었습니다. 그러나 때가 이르면 우리의 모든 죄와 허물을 십자가에 지시고, 죽음을 꺾기 위해 스스로 죽으셨으며, 부활하셔서 우리의 살아 계신 구세주가 되실 분이었습니다. 믿는 이들에게 참된 생명의 근원이 되시는 분이 바로 예수님이셨지요. 구원이 온전히 완성되기까지는 '아직' 시간이 필요했지만, 하나님의 구원은 '이미' 시작된 것이었습니다. 비록 초라한 구유에 누워 계셨으나 그 아기 안에 담긴 하나님의 약속은, 볼품없는 현실에서도 역사를 이루시는 신비였습니다.

기도합니다. 주님, 저와 모든 사람을 구원하러 와주셔서 감사해요. 아멘.

생각과 나눔

1. 내가 기다리는 것들
- 지금 내 삶에서 간절히 기다리고 있는 일이나 소망은 무엇인가요?
- 그것이 내게 중요한 이유는 무엇인가요?
- 기다림 속에서 하나님께 더 의지하게 된 경험이 있나요?

2. 다가올 일을 아는 것의 힘
- 앞으로 일어날 일을 미리 아는 것이 내 마음에 어떤 위로와 힘을 줍니까?
- 불확실한 미래 앞에서 두려움 대신 믿음을 선택했던 순간이 있었나요?
- 기다림을 견디게 해 준 하나님의 은혜는 무엇이었나요?

3. 예수님의 다시 오심을 바라보며
- 예수님의 재림을 기다리며 내 삶에서 인내가 필요한 부분은 무엇인가요?
- 재림의 약속이 지금 나의 기쁨과 삶의 태도에 어떤 변화를 주고 있나요?
- 주님의 재림을 바라보며 오늘 내가 실천할 수 있는 행동은 무엇일까요?

하나님의 백성으로 맞아들임

12·28 주일

눅 2:21 여드레가 차서, 아기에게 할례를 행할 때에, 그 이름을 예수라고 하였다. 그것은, 아기가 수태되기 전에, 천사가 일러준 이름이다.

예수님이 태어나신 지 여드레, 이름을 부르고 할례를 할 때가 왔습니다. 아브라함에게 주신 말씀을 따라 모든 유대인 사내아이가 그러하듯, 하나님의 아들이신 예수님도 할례를 받으셨습니다. 주님은 우리 가운데 오실 뿐 아니라 우리와 같은 자리로 내려오셔서, 율법 아래 자신의 삶을 두셨습니다.

할례는 대개 집에서 조용히 치러졌습니다. 그때 예수님과 부모가 어디에 머물렀는지는 알 수 없지만, 요셉은 분명히 마리아와 아기를 위해 편안한 거처를 마련하려 애썼겠지요. 작은 집 한 칸이었든 친척의 객실이었든 그곳에서 젊은 부모와 아기는 잠시나마 안도하며 평온을 누렸을 것입니다.

물론 어떤 따뜻한 배려도 아기의 고통을 덜어 줄 수는 없었습니다. 그것은 하나님의 뜻이었고, 예수님도 반드시 걸어가셔야 할 길이었습니다. 하나님이 사람이 되신 그분, 우리 구주 예수님께조차도 예외는 없었습니다. 그날 예수님은 태어나 처음으로 아픔을 몸에 새기셨고, 처음으로 피를 흘리셨습니다. 공동체의 환대와 육신의 고통이 겹쳐진 그 순간, 훗날 십자가와 죽음 그리고 부활로 이어질 구원의 길은 이미 고요히 시작되고 있었습니다.

할례는 아픔을 떠올리게 하지만, 동시에 예수님께서 그 예식을 통해 우리 곁에 함께하심을 기억하게 합니다. 인간의 편에 서신 주님은 그 흔적을 당신의 몸에 간직하셨고, 지금도 부활하신 몸으로 우리와 더

불어 계십니다. 이제 그분의 길이 우리의 길이 되었고, 우리를 영원히 자기 것으로 품으신 주님을 우리는 따라갑니다.

기도합니다. 주 예수님, 저를 위해 기꺼이 고통을 받아 주시고, 우리와 하나 되어 주셔서 감사합니다. 아멘.

생각과 나눔

1. 세례의 기억과 은혜
- 나는 언제 어떤 방식으로 세례를 받았나요? 그 경험은 내게 어떤 의미로 남아 있나요?
- 가족이나 공동체는 나의 세례받던 때를 어떤 이야기로 들려주었나요?
- 최근에 세례를 통해 하나님의 은혜를 떠올린 적은 언제였나요?

2. 세례와 할례, 언약의 표지
- 할례가 몸에 새겨진 표지였다면, 세례는 물과 성령의 표지입니다. 이 두 표지가 내 신앙에 어떤 의미와 울림을 주고 있나요?

3. 예수님의 연대와 고통의 신비
- 굳이 예수님께서 인간이 겪는 아픔과 과정을 다 치르신 이유는 무엇일까요?
- "예수님도 그 길을 걸으셨다"는 사실이 나에게 어떤 위로가 되나요?
- 예수님께서 우리와 하나 되시기 위해 받으신 고통을 기억하며, 나는 어떻게 다른 사람의 아픔에 동행할 수 있을까요?

“비방을 받는 표징”

12·29 월

눅 2:22하, 25-26, 28, 34 마리아와 요셉은… 아기를 주께 드리려고 예루살렘으로 데리고 올라갔다. 그런데 마침 예루살렘에 시므온이라는 사람이 있었는데… 그는 주께서 보내시는 그리스도를 보기 전에는 죽지 않을 것이라는 성령의 지시를 받은 사람이다. 시므온이 아기를 자기 팔에 받아서 안고, 하나님을 찬양하여 말하였다. 시므온은 그들을 축복한 뒤에, 아기의 어머니 마리아에게 말하였다. “보십시오, 이 아기는 이스라엘 가운데 많은 사람을 넘어지게도 하고 일어나게도 하도록 세우심을 받았으며, 비방을 받는 표징으로 세우심을 받았습니다.”

순진무구한 아기를 품고 있는 가운데 마리아는 엄청난 충격을 받습니다. 장차 이 아이가 사람들에게 거절당하고 비방받는 표징이 될 것이라는 말을 들었으니 말이죠. 평화롭게 잠든 아기의 얼굴 위로 고난의 그림자가 드리워진다는 것을 상상하기란 참으로 어려웠을 것입니다. 그러나 마리아는 성경을 아는 여인이었죠. 메시아가 고난을 통해 영광에 이르리라는 사실을 마음속 깊이 알고 있었습니다.

그리고 그 말씀은 실제로 이뤄졌습니다. 예수님은 어린 시절 이집트로 피난하셔야 했고, 공생애 내내 거절과 험담 속에 사역하셨으며, 마침내 십자가에서 생명을 내어주셨죠. 이사야의 고백처럼, “그는 사람들에게 멸시를 받고 버림받았으며, 슬픔의 사람, 고통을 아는 자”(사 53:3)로 살아가셨습니다.

거기에만 머무르지 않으셨습니다. 예수님은 미움과 고통, 거부와 죽음을 지나 하나님의 사랑을 가장 선명하게 드러내셨죠. 십자가와 부활은 하나님께서 우리 죄인을 향해 품으신 마음이 오직 사랑과 자비 그리고 구원의 열망임을 나타내는 가장 확실한 표징이 되었습니다. 우리는 지금도 예수님 안에서 하나님의 사랑의 높이와 깊이와 넓이를 헤아립니다.

기도합니다. 주 예수님, 작디작은 저에게까지 당신의 사랑을 전하셔서 감사합니다. 아멘.

생각과 나눔

1. 예수님께 임한 첫 거절과 고난

- 예수님은 언제부터 반대와 비방을 받으셨나요? 그 시작은 무엇을 보여 준다고 생각하나요?
- 예수님의 생애 가운데 거절과 고난은 어떤 모습으로 이어졌나요?
- 예수님은 고난을 통해 구원을 이루셨습니다. 예수님의 일생은 내 믿음의 삶에 어떤 영감을 주나요?

2. 표징이신 예수님

- 성경에서 말하는 "표징"은 어떤 의미로 쓰이나요?
- 비방받는 표징으로 오신 예수님을 바라볼 때, 어떤 감정이 생기나요?
- 예수님이 구원의 표징이라는 고백은 내 삶에서 어떤 변화를 일으키나요?

3. 우리가 드러내는 표징

- 하나님의 사랑과 자비를 모르는 이들에게, 나는 어떤 표징이 될 수 있을까요?
- 내가 다른 사람의 마음을 아프게 찌르는 표창이 아니라, 하나님의 사랑을 드러내는 표징이 되려면 어떻게 해야 할까요?
- 일상에서 하나님의 사랑을 드러내고자 나는 어떤 실천을 하고 있나요?

세상이 너희를 미워하면 너희보다 먼저 나를 미워한 줄을 알라.
요한복음 15:18-19

성령이 이끄신 자리

12·30 화

눅 2:36-38 아셀 지파에 속하는 바누엘의 딸로 안나라는 여예언자가 있었는데, 나이가 많았다. 그는 결혼하여 일곱 해를 남편과 함께 살다가, 과부가 되어서, 여든네 살이 되도록 성전을 떠나지 않고, 밤낮으로 금식과 기도로 하나님을 섬겨 왔다. 바로 이 때에 그가 다가서서 하나님께 감사를 드리고, 예루살렘의 속량을 기다리는 모든 사람에게 이 아기에 대하여 이야기해 주었다.

성전에 있던 시므온과 안나는 모두 성령의 인도에 귀 기울이며 살아온 사람들이었습니다. 시므온은 죽기 전에 메시아를 보게 되리라는 성령의 약속을 받았고, 안나는 금식과 기도로 평생 주님을 섬기며 예언자의 길을 걸었습니다. 그렇게 기다려 온 그들은 마침내 아기 예수를 알아보았고, 그분을 품에 안으며 하나님께 감사와 찬송을 드렸습니다. 그들은 자신의 감격을 나누고자 만나는 모든 이에게 아기 예수를 전했습니다.

겉으로는 그저 평범한 아기에 불과했지만, 성령께서 열어주신 눈으로 그들은 그 아기 안에서 온 세상의 구원을 보았죠. 노년에 이른 연약한 이들이 구세주를 먼저 알아보았다는 건 젊음의 힘이나 학자의 지식이 아니라 오직 성령의 이끄심으로만 예수님을 알아볼 수 있음을 일러줍니다.

성령께서는 예수님을 구주로 믿도록 우리를 이끄셨고, 그분이 우리를 구원하시기 위해 생명을 내어주셨으며 죽음을 이기고 부활하셨다는 사실을 알게 하셨습니다. 그리고 그 부활 덕분에 우리는 하나님의 나라에서 예수님과 영원히 산다는 소망을 마음에 품게 되었지요. 마음에 심긴 씨앗은 성령의 돌보심 속에서 무럭무럭 자라니 비바람에

휘청거리는 날에도 우리를 붙드는 희망이 되고, 마침내 영원한 생명으로 우리를 이끌면서 열매를 맺습니다. 우리의 입술에 맺힌 고백이라는 열매는 사랑하는 이들에게 예수님을 전합니다. 우리는 그분을 마음에 모시며 기쁨으로 살아갑니다.

기도합니다. 성령님, 제게 예수님을 믿는 마음을 주시고, 그 사랑을 전할 용기도 주소서. 아멘.

생각과 나눔

1. 성령의 인도하심을 따르는 삶
- 시므온과 안나는 어떻게 성령의 인도대로 살 수 있었을까요?
- 나는 일상에서 성령의 이끄심을 어떻게 경험해 보았나요?
- 지금 나는 마음을 활짝 열고 성령의 음성에 귀 기울이고 있나요?

2. 부활이 심어 주신 소망의 씨앗
- 예수님의 부활은 내 마음에 어떤 소망의 씨앗을 심어 주었나요?
- 그 씨앗이 좀처럼 움트지 않은 날에도 나를 붙들어 주었던 경험이 있나요?
- '이미 시작되었으나 아직 완성되지 않은' 구원 안에서 내가 붙잡고 있는 희망은 무엇인가요?

3. 열매 맺는 고백의 삶
- 내 입술의 고백과 삶의 열매가 예수님을 전하는 통로가 된 적이 있나요?
- 어떻게 하면 사랑하는 이들과 예수님을 자연스럽게 나눌 수 있을까요?
- 내 삶의 어떤 모습이 예수님을 증언하는 고백이 될 수 있을까요?

예상치 못한 고난

12·31 수

마 2:1-2 헤롯 왕 때에 예수께서 유대 베들레헴에서 나셨다. 그런데 동방으로부터 박사들이 예루살렘에 와서 말하기를 "유대인의 왕으로 나신 이가 어디에 계십니까? 우리가 동방에서 그의 별을 보고, 그에게 경배하러 왔습니다" 하였다.

예수께서 베들레헴에서 태어나셨을 때, 동방 박사들이 별빛을 따라 예루살렘에 다다랐습니다. 갓 태어난 유대인의 왕을 경배하려는 순전한 마음뿐이었지요. 그러니 왕궁으로 발길을 옮긴 것도 당연했습니다. 그러나 '유대인의 왕을 찾는다'는 말이 헤롯의 귀에 들어가고 말았죠. 권력의 두려움과 야심이 어떤 참혹한 일을 불러올지 그들은 전혀 알지 못했습니다. 그들의 순박함은 의도치 않게 수많은 아이의 희생을 낳은 비극의 불씨가 되고 말았습니다.

이 일은 우리에게도 낯설지 않죠. 아무런 악의 없이 했던 말과 행동이 때로는 원치 않던 상처나 아픔으로 이어질 때가 있습니다. 아무리 돌이키고 싶어도 되돌릴 수 없기에, 후회와 좌절감에 우리의 마음은 와르르 무너집니다.

그러나 하나님은 우리의 상황을 아시고, 우리의 눈물을 함께 아파하십니다. 예수님도 자신의 탄생으로 말미암아 다른 아기들의 죽음이 뒤따랐다는 사실을 알고 계셨을 것입니다. 그렇기에 무고한 고통과 억울한 상실 속에서 괴로워하는 이들의 마음을 깊이 헤아리시며, 외면하지 않으십니다.

만약 우리가 실제로 죄책감을 지고 있더라도, 주님은 그 죄마저 짊어지시고자 오셨습니다. 예수님은 십자가에서 우리의 모든 잘못과 허물을 대신 지셨고, 부활로 죄와 죽음이 남긴 상처까지 치유하셨습니다. 그분은 우리를 정죄하고자 오신 것이 아니라 회복과 새 생명을 주시기 위해 오셨습니다. 오늘도 예수님은 우리를 사랑으로 부르십니다. 공감하시고, 용서하시며, 상처를 싸매시는 주님께 우리의 아픔과 무거운 짐을 맡기십시오. 그분 안에서 우리는 다시 살아갈 힘과 희망을 얻습니다.

기도합니다. 주 예수님, 당신께 제 모든 걸 맡깁니다. 제 눈물을 닦아주시고, 상처를 치유하시며, 당신의 사랑으로 거듭나게 하소서. 아멘.

생각과 나눔

1. 내 마음 속의 후회
- 지금 내 마음에 여전히 지워지지 않는 후회가 있나요?
- 그 후회가 내 삶과 관계에 어떤 영향을 주고 있나요?
- 그 후회를 주님 앞에 내려놓는다면 어떤 변화가 일어날까요?

2. 예수님께 슬픔을 맡기기
- 내가 붙들고 있는 아픔이나 슬픔을 어떻게 예수님께 가지고 나아갈 수 있을까요?
- 예수님께서 그 아픔을 품어주시고 위로해주신다고 믿을 때, 내 마음은 어떻게 달라질까요?
- 기도를 통해 내 상처와 상실의 아픔을 주님께 드려본 경험이 있나요?

3. 다른 이들을 위한 기도
- 내 주변에 아직 치유되지 못한 슬픔을 간직한 사람이 있나요?
- 그 사람을 위해 내가 기도해줄 수 있는 구체적인 방법은 무엇일까요?
- 다른 사람의 아픔을 위해 기도할 때, 내 마음도 함께 위로받는 경험을 할 수 있을까요?

주님이 열어주신 길

2026 · 1 · 1 목

마 2:3-5상, 7-8 헤롯 왕은 이 말을 듣고 당황하였고, 온 예루살렘 사람들도 그와 함께 당황하였다. 왕은 백성의 대제사장들과 율법학자들을 다 모아 놓고서, 그리스도가 어디에서 태어나실지를 그들에게 물어 보았다. 그들이 왕에게 말하였다. "유대 베들레헴입니다.…" 그 때에 헤롯은 그 박사들을 가만히 불러서, 별이 나타난 때를 캐어 묻고, 그들을 베들레헴으로 보내며 말하기를 "가서, 그 아기에 대하여 자세히 알아 보고, 찾거든 내게 알려 주시오. 나도 가서, 그에게 경배할 생각이오" 하였다.

헤롯은 왜 박사들을 돌려세우지 않고, 오히려 그들로 하여금 아기를 직접 찾아보게 했을까요? 그들이 무언가를 감추고 있다고 의심하며, 자신이 모르는 것을 더 알아내려는 속셈이었을까요? "나도 그 아기를 경배하고 싶다"는 말에 동방 박사들이 순순히 속으리라 여겼던 헤롯의 기대는 잔혹한 왕의 불안과 허망한 어리석음을 고스란히 드러내고 있습니다.

박사들은 어리석지 않았습니다. 아기가 헤롯의 혈통과 무관함을 알아차린 그때, 권력자의 공포가 어떻게 터질지 진작에 알아차렸지요. 겉으로는 헤롯의 말에 맞장구쳤지만, 박사들은 곧장 베들레헴으로 재빨리 발걸음을 옮겼습니다.

악한 사람을 상대하는 일은 호락호락하지 않습니다. 왕이든 권력을 쥔 상사든 가까운 친척이든, 우리를 힘겹게 하는 이들과 마주할 때 우리는 두려움과 무력감을 느낍니다. 그럴 때 우리가 할 수 있는 건 주님께 도움을 구하며 되도록 빨리 자리를 피하는 것입니다.

하나님은 우리의 형편을 모르지 않으십니다. 우리를 아끼시고, 악과 죄와 억압 속에 버려두지 않으시죠. 우리를 모든 악에서 구원하시고

자 예수님께서 이 땅에 오셨습니다. 그분은 자원하여 우리의 고통을 짊어지시고 십자가에서 죽으셨으며, 부활로 우리에게 생명과 평화와 자유를 주셨습니다.

기도합니다. 주님, 두려움 속에서 헤매고 휘청거릴 때 저를 꽉 붙들어 주시고 꼭 지켜주소서. 아멘.

생각과 나눔

1. 두려움에 사로잡힌 헤롯
- 왜 헤롯은 갓 태어난 아기 앞에서도 두려움을 느꼈을까요?
- 혹시 작은 일에 크나큰 위협을 느끼고 심하게 두려워한 적은 없나요?
- 권력과 불안이 뒤엉킬 때, 어떤 파괴적인 결과가 일어날 수 있을까요?

2. 흔들리는 사람들
- 예루살렘 사람들은 아기의 탄생에 왜 기뻐하지 못하고 불안해했을까요?
- 나도 진정한 희망의 소식 앞에서 외려 마음이 불편해지거나 흔들린 경험이 있나요?
- 하나님의 뜻이 내 계획과 부딪칠 때, 나는 어떤 반응을 보이나요?

3. 악 가운데 드리는 기도
- 악한 사람이나 상황 앞에서 하나님께 도움을 구해 본 적이 있나요?
- 주님이 열어주신 '피할 길'을 경험한 적이 있다면 언제였나요?
- 오늘 내가 기도로 맡겨야 할 두려움과 위험은 무엇일까요?

열방을 위한 선물

마 2:9-12 동방박사들은 왕의 말을 듣고 떠났다. 그런데 마침 동방에서 본 그 별이 그들 앞에 나타나 그들을 인도해 가다가, 아기가 있는 곳에 이르러서, 그 위에 멈추었다. 그들은 그 별을 보고, 무척이나 크게 기뻐하였다. 그들은 그 집에 들어가서, 아기가 그의 어머니 마리아와 함께 있는 것을 보고, 엎드려서 그에게 경배하였다. 그리고 그들의 보물 상자를 열어서, 그에게 황금과 유향과 몰약을 예물로 드렸다. 그리고 그들은 꿈에 헤롯에게 돌아가지 말라는 지시를 받아, 다른 길로 자기 나라에 돌아갔다.

참 아름다운 광경입니다. 머나먼 타국에서 온 존경받는 박사들이 작은 아기 앞에 무릎을 꿇고, 귀한 선물을 바치고 있습니다. 호기심 가득한 아기 예수의 눈빛은 그 낯선 손님들의 예물을 어떻게 바라보았을까요? 혹시나 예수님이 손을 뻗지 않을까, 마리아가 조심스레 지켜보았을지도 모르겠습니다.

하지만 여기에는 황금과 유향과 몰약 이상의 선물이 담겨 있습니다. 무엇보다도 예수님 자신이 하나님의 선물이십니다. 그분은 단지 유대인의 왕으로 오신 것이 아니라, 모든 나라와 민족에게 내려진 구주요 구속자이셨지요. 박사들이 무릎 꿇어 드린 경배는 작은 시작에 불과했습니다. 그 순간은 장차 수많은 이방인과 열방이 주님 앞에 모여 함께 찬양할 것을 미리 보여 준 장엄한 예고편이었습니다.

예수님은 삶 속에서 가르치시고 섬기셨으며, 고난을 끝까지 감당하신 뒤 마침내 생명을 내어주셨습니다. 그 십자가와 부활을 통하여 온 인류가 하나님께 돌아와 참된 기쁨과 용서를 누리게 되었습니다.

오늘도 우리는 그 선물 앞에 서 있습니다. 예수님은 여전히 세상 모든 이들에게 주어진 가장 크고 완전한 하나님의 선물이십니다.

기도합니다. 사랑하는 아버지, 우리에게 주신 가장 귀한 선물, 곧 주 예수 그리스도께 기쁨으로 감사드립니다. 아멘.

생각과 나눔

1. 예수님께 드려진 선물들
- 동방 박사들이 드린 황금, 유향, 몰약에는 어떤 의미가 있을까요?
- 예수님의 부모 마리아와 요셉은 그 선물들을 어떻게 사용했을까요? 상상해 본다면요?
- 오늘날 우리가 예수님께 드릴 수 있는 "선물"은 어떤 모습일까요?

2. 유대인과 이방인의 만남
- 하나님은 왜 유대인 목자들과 이방인 박사들을 아기 예수께 인도했을까요?
- 서로 다른 배경을 가진 이들이 아기 앞에 무릎 꿇는 장면은 어떤 울림과 영감을 일으키나요?
- 지금 우리의 교회와 공동체 속에서 "모든 민족이 함께 예배한다"는 약속은 어떻게 이루어지고 있나요?

3. 우리가 드릴 사랑의 예물
- 물질이나 행위가 아닌 내 마음을 예수님께 선물로 드릴 수 있을까요?
- 내 삶에서 예수님께 드릴 수 있는 '순종'이나 '사랑'의 모습은 어떨까요?
- 예수님께 사랑의 예물을 드리듯 우리는 이웃을 사랑으로 대하고 있나요?

너희 몸을 하나님이 기뻐하시는 거룩한 산 제물로 드리라
이는 너희가 드릴 영적 예배니라
로마서 12:1

위험 속으로

1·3 토

마 2:13-15 박사들이 돌아간 뒤에, 주의 천사가 꿈에 요셉에게 나타나서 말하였다. "헤롯이 아기를 찾아서 죽이려고 하니, 일어나서, 아기와 어머니를 데리고, 이집트로 피신하고, 내가 네게 일러줄 때까지 그 곳에 있어라." 요셉이 일어나서, 밤 사이에 아기와 그 어머니를 데리고 이집트로 피신하여, 헤롯이 죽을 때까지 거기에 있었다. 이것은 주께서 예언자를 시켜서 말씀하신 바 "내가 이집트에서 내 아들을 불러냈다" 하신 말씀을 이루려고 하신 것이었다.

긴장과 두려움으로 가득했던 밤이었습니다. 요셉은 잠든 마리아를 살그머니 흔들어 깨우며, 아기를 놀라게 하지 않고자 속삭였겠지요. 어두운 방 안에서 등잔불을 켜고, 부랴부랴 짐을 꾸렸습니다. 가져갈 수 없는 물건들은 뒤에 남겨둔 채 가장 소중한 아기만 품에 안고 떠날 수밖에 없었을 것입니다. 정적이 내려앉은 밤길, 세 식구는 발걸음을 재촉하며 이집트로 향했습니다.

아이가 위태로울 때 부모가 머뭇거리지 않듯 하나님께서도 똑같으셨죠. 우리가 죄와 죽음의 그늘에 갇혀 있을 때, 하나님은 주저하지 않으시고 곧장 길을 여셨습니다. 세상의 첫 순간부터 이미 약속하셨던 구원, "여자의 후손이 뱀의 머리를 상하게 할 것이라"(창세기 3:15) 하신 그 말씀은 아기 예수의 탄생 속에서 현실이 되고 있었습니다.

그분은 멀리서 지켜보기만 하지 않으십니다. 하나님 스스로 사람이 되셔서 우리와 같은 위험과 공포 속에 몸을 담으셨죠. 연약한 아기의 모습으로 언제든 위협당하는 자리에 서셨습니다. 그리고 마침내 십자가와 부활을 통해, 우리를 죄와 악과 파멸에서 건져내시고자 자신의 생명을 내어주셨습니다.

우리와 파멸 사이에 예수님 스스로 몸을 두셨습니다. 자신의 죽음과 부활을 방패 삼아 우리를 지키셨죠. 이보다 더 큰 사랑, 더 깊은 사랑은 없습니다.

기도합니다. 주님, 위험 속에 있던 저를 버려두지 않으시고, 친히 제 곁으로 와 주셔서 감사합니다. 아멘.

생각과 나눔

1. 사랑으로 지키는 마음

- 아기 예수가 위험했을 때, 마리아와 요셉의 마음은 얼마나 애탔을까요?
- 사랑하는 이를 보호하기 위해 감수할 수 있는 가장 큰 희생은 무엇일까요?
- 사랑하는 사람을 지키기 위해 본능적으로 움직였던 경험이 있나요?

2. 피난길의 경험과 오늘의 삶

- 이집트로 피신한 예수님은 오늘날 난민들의 모습과 어떻게 연결될까요?
- 낯선 곳의 두려움 속에서도 함께하신 하나님을, 나는 언제 가장 선명히 느꼈나요?

3. 위험 속에 동행하신 하나님

- 왜 예수님의 생애는 태어나자마자 위협과 도피 속에서 시작하셨을까요?
- "하나님이 사람이 되셨다"는 사실이, 내가 겪는 위험과 고통을 바라보는 눈을 어떻게 바꿔 줍니까?
- 내가 두려움 속에서도 가야 할 믿음의 길과 예수님은 어떻게 이어지나요?

원망

마 2:16 헤롯은 박사들에게 속은 것을 알고, 몹시 노하였다. 그는 사람을 보내어, 그 박사들에게 알아본 때를 기준으로, 베들레헴과 그 가까운 온 지역에 사는, 두 살짜리로부터 그 아래의 사내아이를 모조리 죽였다.

어린 아기들이 끔찍하게 죽는 와중에 하나님의 아들만 홀로 피신했다는 사실이 제 마음을 늘 괴롭혔습니다. 왜 하나님은 다른 작은 생명을 지켜주지 않으셨을까, 그 물음이 제 안에서 맴돌았습니다.

분명한 사실은 하나님 탓을 할 수 없다는 점입니다. 악을 저지른 이는 헤롯이지 하나님이 아니기 때문이죠. 하지만 그렇다고 해서 우리의 마음이 곧바로 위로를 얻는 것은 아닙니다. 우리는 세상의 헤롯들이 악을 행하리라는 사실을 은연중에 알고 있기에 실제로 악행이 벌어져도 새삼스레 소스라치지는 않습니다. 다만 그 아픔은 결코 가볍게 떨칠 수 없습니다. 그러나 하나님에 대해서는 다릅니다. 우리는 언제나 하나님께 선하심만을 기대합니다. 그래서 끔찍한 악을 마주할 때 본능처럼 하나님을 원망하며 부르짖죠. 이건 인간이라면 누구도 피할 수 없는 솔직한 마음입니다.

그러다 제가 마침내 깨달은 게 있습니다. 하나님께서 예수님을 죽음에서 구하신 게 아니라 단지 그날을 뒤로 미루셨을 뿐이라는 사실이죠. 베들레헴의 아기들이 무참하게 희생되었던 것처럼, 예수님도 언젠가 죽음을 맞으셔야 했습니다. 배신을 당하시고, 채찍에 맞으시며, 십자가에 못 박히시죠. 그분은 30년 뒤 베들레헴의 마지막 아기로서 죽음을 온전히 짊어지셨습니다. 그러나 그 죽음은 허무한 희생이 아니었습니다. 예수님은 다른 아기들을 위해, 저를 위해, 그리고 우리 모두를 위해 그 길을 기꺼이 걸어가셨습니다.

예수님의 고난과 죽음 그리고 부활은 세상의 참혹한 현실을 견디게 하는 유일한 힘입니다. 하나님이신 그분은 스스로 그 길을 선택하셨죠. 자신을 지키려 하지 않으시고, 되려 우리를 죄와 악에서 건지시고자 생명을 내어주셨습니다. 하나님은 우리를 이처럼 사랑하십니다. 그러므로 세상의 헤롯들이 아무리 날뛰어도 결코 마지막 승자가 될 수 없죠. 예수님은 지금도 살아 계시며 다스리십니다. 우리 또한 그분 안에서 영원히 살게 되겠지요.

기도합니다. 주님, 세상의 참혹한 악 가운데서도 저희를 지켜주시고 구원해 주소서. 아멘.

생각과 나눔

1. 세상의 참혹한 현실 앞에서
- 뉴스를 보며 마음이 무너질 때, 그 슬픔을 어떻게 견디나요?
- 반복되는 세상의 폭력과 부조리 앞에서 하나님께 어떤 질문을 던지나요?
- 내가 겪은 고통이나 상실은 세상의 아픔과 어떻게 연결될까요?

2. 예수님의 삶과 죽음 속에 드러난 고통
- 왜 예수님의 탄생과 마지막은 모두 피와 눈물로 이루어져 있을까요?
- 예수님께서 겪으신 고난을 통해 나는 내 삶의 고난을 어떻게 바라보나요?
- 예수님의 고통을 묵상할 때, 나는 어떻게 위로받으면서 힘을 얻나요?

3. 악한 세상 속에서 붙드는 소망
- 악이 승리하는 듯 보일 때, 나는 예수님의 부활을 어떻게 기억하나요?
- 예수님께 도움을 구하며 의지했을 때 내 삶은 어떻게 새로워졌나요?
- 오늘 내가 예수님께 드릴 수 있는 가장 솔직한 기도는 무엇일까요?

귀향

1·5 월

마 2:19-21상, 23 헤롯이 죽은 뒤에, 주의 천사가 이집트에 있는 요셉에게 꿈에 나타나서 말하기를 "일어나서, 아기와 어머니를 데리고, 이스라엘 땅으로 가거라. 그 아기의 목숨을 노리던 자들이 죽었다" 하였다. 요셉이 일어나서, 아기와 어머니를 데리고 … 나사렛이라는 동네로 가서 살았다. 이리하여 예언자들을 시켜서 말씀하신 바 "그는 나사렛 사람이라고 불릴 것이다" 하신 말씀이 이루어졌다.

부모님이 집으로 돌아갈 계획을 이야기하실 때 어린 예수님은 어떤 기분이셨을까 이따금 생각해 봅니다. 어린 시절을 보낸 애굽이야말로 이미 익숙한 '집'이었겠지요. 베들레헴을 떠날 때는 아기였을 테니, 고향을 기억하지 못했을 것이고, 갈릴리는 아직 한 번도 가 본 적 없는 곳이었습니다. 어린 예수님이 알던 세상은 가족의 언어와 문화 그리고 애굽 친구들의 놀이와 풍습이 뒤섞인 낯선 삶이었지요.

그럼에도 하나님은 그분을 약속의 땅, 이스라엘로 이끄셨습니다.

이 모습은 장차 어른이 되어 사역을 시작하실 예수님의 삶을 닮아있습니다. 주님은 곳곳을 떠돌며 병든 자를 고치시고, 복음을 전하시며, 머리 둘 곳조차 없는 삶을 사셨습니다. "인자는 머리 둘 곳이 없다"(눅 9:58)는 말씀처럼, 이 땅에서의 삶은 늘 낯설고 덧없는 나그네의 길이었습니다. 예수님께 참된 안식처는 십자가를 지나 부활로 들어가신 아버지의 집뿐이었지요.

바로 그 길 위에서 예수님은 우리에게도 새로운 집을 마련해 주셨습니다. 십자가와 부활을 통해 우리를 하나님의 자녀로 삼으시고, 영원히 머물 곳을 약속해 주셨습니다. 주님은 먼저 아버지의 집에 들어가셔서 우리를 위해 거처를 예비하고 계십니다(요 14:2). 그리고 마지막

날, 우리도 그분과 함께 참된 집, 하나님의 품에 거하게 될 것입니다.

기도합니다. 주님, 주님의 집을 저의 집이 되게 하시니 감사합니다. 아멘.

생각과 나눔

1. 집의 의미, 'Home'의 자리
- 지금 내가 살아가는 곳을 '집'이라고 부를 수 있는 이유는 무엇인가요?
- 집이 단순한 공간이 아니라 마음의 안식처가 되려면 무엇이 필요할까요?
- 삶에서 집을 잃거나 떠나야 했던 경험이 있다면, 그것은 내 믿음과 정체성에 어떤 흔적을 남겼나요?

2. 예수님 안에서의 영원한 집
- 예수님께서 준비하신 집을 생각하면 어떤 마음이 드나요?
- 하나님의 집에 영원히 거하는 삶은 지금 나에게 어떤 위로가 되나요?
- 예수님이 주시는 '집'은 지금 거주하는 집과 어떻게 다르다고 생각하나요?

3. 지금 여기서 미리 누리는 집
- 지금 내 삶에서 '집에 있는 것 같은' 평안을 어떻게 경험할 수 있을까요?
- 내 주변에 예수님이 주시는 집의 안식을 나눌 수 있는 사람은 누구인가요?
- 예수님의 집을 소망하며, 오늘 내 삶에서 구체적으로 실천할 수 있는 작은 발걸음은 무엇일까요?

고요한 세월

1·6 화

눅 2:19, 52 마리아는 이 모든 말을 고이 간직하고 마음 속에 곰곰이 되새겼다.… 예수는 지혜와 키가 자라며, 하나님과 사람에게 더욱 사랑을 받았다.

예수님의 어린 시절은 놀랍도록 고요했습니다. 성경은 예루살렘 성전에서 있었던 한 사건(눅 2:41-52) 말고는 거의 침묵하지요. 예수님은 여느 또래 아이들처럼 자라셨습니다. 스스로 의복을 챙기고, 집안일을 돕고, 마을의 또래들과 함께 뛰놀며 어린 시절을 보냈겠죠. 어머니 마리아에게서 음식 만드는 법을 배우며 고사리 같은 손으로 빵을 빚기도 하고(요 21:9-13), 아버지 요셉 곁에서 나무 다듬는 법을 배웠을지도 모릅니다(막 6:3). 회당에 다니며 글을 익히고, 하나님의 말씀을 암송하며, 마음 깊이 새겼을 것입니다.

이 고요한 세월은 하나님께서 메시아의 길을 준비하시며 마련해주신 은혜의 시간이었습니다. 마리아는 천사들의 소식과 목자들의 경배 그리고 동방 박사들의 선물을 기억하며, 그 모든 일을 마음에 되새겼습니다. 때때로 예수님에게 이야기를 들려주며, 이 아이가 어떤 길을 걸어갈지 생각했겠죠. 요셉 또한 아들을 바라보며 성경 말씀을 묵상했을 터인데, 구원의 길이 영광만이 아니라 고난과 죽음을 포함한다는 사실을 어렴풋이 깨달았을지도 모릅니다.

그렇기에 그들은 아이를 위해서 그리고 아이와 함께 기도했습니다. 눈앞의 평범한 일상과 저 먼 하늘의 약속 사이에서 부모는 자녀를 품고 기도로 그 간격을 메웠습니다. 그 안에 담긴 사랑은 한없이 깊고 따뜻했습니다.

조용히 흘러가는 날들이었지만, 바로 그 시간이 예수님을 준비시켰습니다. 가정의 울타리 안에서, 사랑과 기도와 고요한 평화 속에서, 예수님은 하나님과 사람 앞에서 더욱 사랑스럽게 자라나셨습니다. 훗날 온 세상을 품으실 구세주, 가장 깊은 사랑으로 우리를 구원하실 주님으로 나아가기까지 이 고요한 세월은 반드시 있어야 했던 하나님의 선물이었습니다.

기도합니다. 주 예수님, 고요한 세월 속에서 이미 저를 향한 사랑을 준비해 주셨음에 감사드립니다. 아멘.

생각과 나눔

1. 예수님의 고요한 어린 시절
- 예수님의 성장기가 조용하게 기록된 것을 보면 어떤 생각이 드나요?
- 만약 예수님의 어린 시절을 알 수 있다면, 무엇을 더 보고 싶은가요?
- 내 삶의 평범한 날들 속에서도 하나님의 섭리와 의미를 발견할 수 있나요?

2. 가정과 배움의 자리에서
- 예수님이 가정에서 배우고 익힌 일 가운데 무엇이 가장 중요했을까요?
- 마리아와 요셉이 예수님을 위해 기도하며 준비시켰다는 사실은, 오늘 우리의 신앙 교육과 가정의 역할에 대해 어떤 점을 시사하나요?
- 내 인생의 "고요한 시간" 속에서 배운 귀한 것들은 무엇이었나요?

3. 사랑과 준비의 신비
- 왜 하나님은 예수님이 어린 시절을 평범하게 보내도록 하셨을까요?
- "지혜와 키가 자라며 하나님과 사람에게 사랑스러워 가셨다"는 말씀은 내 삶의 성장과 어떻게 이어지나요?
- 오늘 나 역시 예수님처럼 사랑스러워지려면, 어떤 삶의 훈련과 필요할까요?

매일 아침, <묵상모닝 챌린지>에 참여해보세요

1. 네이버 밴드에서 '루터란아워' 검색 (band.us/@lhmdevotionals)
   "루터란아워 묵상모닝 챌린지" - 미션 인증 : 대림절 묵상하기

2. 스마트폰으로 QR코드(하단) 촬영
   '루터란아워 대림절 매일 묵상 밴드'로 바로 이동

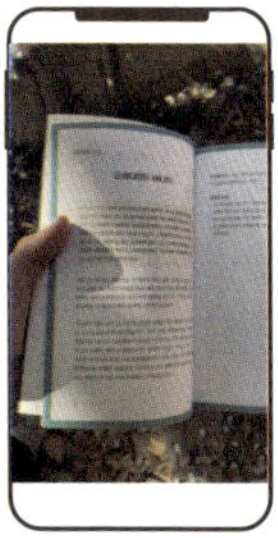

※ 참여방법 (11.30~ 38일간)

- 매일 아침 묵상집 한 편을 읽어요.
- 마음에 남은 문장이나 느낀 점을 짧게 기록해요.
- 묵상집 사진이나 본문 한 줄, 노트 일부를 찍어요.
- 해시태그를 붙여 밴드에 올려요.
  #묵상모닝 #너희에게구주가나셨으니 #루터란아워
  #대림절묵상 #하루한줄묵상 #성탄을기다리며 #묵상챌린지

루터란아워 뉴스레터로 전하는 소식

- 대림절&사순절 묵상집 외 기독교 책자 출간 소식
- 한달에 한 번씩 무료로 열리는 정오음악회 클래식 콘서트 소식
  - 장소 : 후암동 중앙루터교회 본당
- 다양한 책모임과 이벤트 및 유투브 콘텐츠 업로드 소식
- 절기에 따른 성경구절 묵상 (페이스북&인스타그램 피드)

1. 뉴스레터 구독 및 후원 신청 링크
   └ linktr.ee/lutheranhour

2. 루터란아워 홈페이지에서 소책자를 pdf로 다운받으세요!
   └ korealutheranhour.org/pdf

한국루터란아워 2025 대림절 묵상집
너희에게 구주가 나셨으니 (원제: Born to You... A Savior)

발행일 2025. 11. 11
지은이 카리 보
옮긴이 김선영
감 수 최태성
편 집 김선영
디자인 김예슬
펴낸이 김태훈

발행처 한국루터란아워
전 화 02-318-3346
주 소 서울 용산구 소월로2길 21-11 2층
이메일 info@korealutheranhour.org

ISBN 9788991426467
정 가 5,800원

* 표지 : 아르떼 내추럴 230g, 4도(단면), 날개 / 후가공_오시, 은박
* 내지 : 100g 미색 모조, 4도
* 서체 : KoPubWorld 돋움·바탕체, Spoqa Han Sans Neo, Yoon 윤명조 700
* 인쇄 : (주)제이스토리